AF474334

L'ÉLU DE DIEU.

Montauban, Imp. Forestié Neveu, rue du Vieux-Palais

L'ÉLU DE DIEU

OU

LA FRANCE RÉGÉNÉRÉE

ET REPLACÉE

AU PREMIER RANG DES NATIONS

Par Sa Majesté l'Empereur

NAPOLÉON III,

PRÉCÉDÉ D'UNE

NOTICE BIOGRAPHIQUE

DES DIVERSES BRANCHES

DE LA

FAMILLE BONAPARTE

Depuis le XIIme siècle jusqu'à nos jours;

PAR

V.-A. CHAMBONNAU,

Avocat, Ancien Magistrat.

PARIS

L. DUFET, LIBRAIRE-ÉDITEUR,

RUE PAVÉE-SAINT-ANDRÉ-DES-ARTS, 14.

1859.

. . . . Redeunt Saturnia regna;
Jam nova progenies cœlo demittitur alto.
Tu modo nascenti puero. . . . .
. . . .
Casta fave Lucina; tuus jam regnat Apollo.

VIRGILE. — *Églogue IV*, vers 6 et suiv.

Le règne de Saturne nous est revenu : une race nouvelle nous est envoyée du haut des cieux. . . . .
Chaste Lucine, protégez ce jeune enfant sous l'empire duquel disparaîtra l'âge de fer, et l'âge d'or se lèvera sur le monde. Déjà règne votre Apollon.

PRÉFACE.

La vie des grands hommes fut toujours l'objet d'une véritable admiration. Plutarque nous a retracé celle de plusieurs personnages célèbres de l'antiquité. Nous connaissons jusques aux moindres détails des actions d'Alexandre, de César, de Pompée, de Marius et de tant d'autres. Les temps modernes ont donné l'histoire de Napoléon Ier, qui a éclipsé, sans contredit, tous les grands hommes des temps anciens. Il existe même des ouvrages consciencieux destinés à éterniser la mémoire de l'Empereur Napoléon III, ce rare exemple des monarques dont on peut parler de leur vivant. Mais ces ouvrages sont volumineux; leur prix les met souvent hors de la portée des classes ouvrières, qui ne connaissent que par la tradition l'Homme qui préside aux destinées de la France!

Nous avons cru rendre au Peuple français un véritable service en publiant cet opuscule, qui résume très-succinctement les titres de S. M. l'Empereur Napoléon III à l'amour de la France. L'homme politique y verra le grand administrateur; le guerrier, l'homme qui a su diriger une des plus belles campagnes des temps modernes; l'homme religieux, le protecteur des Pontifes, le restaurateur des temples du vrai Dieu.

Ainsi, la mémoire du lecteur ne sera point surchargée, parce qu'il trouvera, dans un cadre étroit, tout ce qui peut lui plaire et l'intéresser ; tout ce qui peut légitimer son enthousiasme pour sa Patrie, et lui donner le droit de dire avec un noble orgueil : Je suis citoyen français !

L'ÉLU DE DIEU

OU

LA FRANCE RÉGÉNÉRÉE.

I

Tous les personnages illustres, et notamment les Rois, sont dans le domaine de l'histoire. C'est à elle qu'il appartient de les juger. Son jugement est respectable quand il est impartial. Les temps modernes doivent regretter les mœurs de l'antique Égypte, qui faisait subir un jugement à l'ombre de ses Rois. Au milieu du célèbre lac Mœris était le tribunal où se rendait le jugement solennel.

Là était un accusateur du roi défunt ; là était son défenseur. Toutes les vexations, les injustices, les fautes mêmes étaient reprochées à sa mémoire : le défenseur ou les niait ou les atténuait. Le jugement rendu par cet auguste tribunal était irrévocable. Si le roi était jugé coupable, on lui refusait la pompe et les honneurs des sépultures royales. L'histoire nous apprend qu'une seule reine d'Égypte, l'illustre Nectanébis, sortit sans tache de cette épreuve solennelle; pas une voix accusatrice n'osa s'élever contre sa mémoire, et l'Égypte entière se joignit au jugement des vieillards pour proclamer qu'elle était sans reproche.

L'histoire a les coudées franches quand il s'agit des rois qui ne vivent plus. Pendant la vie de Néron, de Tibère, de Claude, de Domitien, et de tant d'autres monstres qui souillèrent le trône des Césars, nul historien n'aurait osé parler d'eux.

Mais il est des rois privilégiés dont on

peut parler pendant leur vie, et pour ainsi dire à leur face. C'est ainsi qu'on aurait pu écrire l'histoire de Titus, qui pleurait le soir du jour où il n'avait pu faire une bonne action, et qui disait : *Mes amis, j'ai perdu ma journée.*

On aurait pu dire à Marc-Aurelle : *Vous avez pleuré en apprenant qu'on vous faisait empereur.* On aurait pu dire à Néron lui-même, dans les premières années de son règne : *Vous avez regretté de savoir écrire quand vous avez eu à signer un arrêt de mort.*

On aurait pu écrire aussi, pendant leur vie, l'histoire de Trajan et d'Antonin.

Il est bien peu de souverains modernes dont on puisse écrire l'histoire sans encourir le reproche ou de crainte, ou de colère, ou d'adulation. Mais il en est aussi d'autres dont les contemporains n'ont que du bien à dire. Si quelques voix discordantes s'élèvent pour troubler le concert de louanges qu'on donne au monarque vivant, le bon sens public, la conscience des peuples font bientôt justice, et condamnent au silence tous les détracteurs.

C'est dans une position des plus favorables que nous allons parler de S. M. l'Empereur Napoléon III. A ceux qui nous blâmeraient, qui nous accuseraient de partialité, nous répondrions par toute une vie d'indépendance à l'égard des rois; par mille preuves d'absence de prévention en faveur des maitres de la terre, et nous dirions, en parlant de S. M. l'Empereur Napoléon III : Vous le connaitrez à ses œuvres.

II

Il est naturel de rechercher, dans la vie des grands hommes, quel est le lieu de leur naissance, quelle est leur origine, leur éducation : cela se rattache intimément à la vie de celui dont on écrit l'histoire ; il semble même que cela en est inséparable. C'est ainsi que nous savons l'origine de Romulus, de Numa, des Tarquins : c'est ainsi que nous savons que Marius était un simple laboureur, et que Cincinnatus abandonna sa charrue pour aller sauver Rome ; c'est ainsi que nous savons que l'empereur Pertinax était d'abord un charbonnier. Nous savons par l'histoire que sept villes se disputent l'honneur d'avoir donné naissance à Homère. C'est ainsi que nous savons que le prince des poètes, Virgile, naquit à Mantoue d'un potier de terre.

Il n'est personne qui ne désire avoir une idée plus ou moins succincte de l'origine de l'Empereur régnant. En vain la philosophie crie au peuple de ne pas s'occuper de la noblesse ou de la bassesse des origines : un respect involontaire s'attache à ces illustres familles patriciennes qui ont honoré leur siècle par leurs exploits ou leurs vertus.

Il est aussi des hommes nés dans des classes inférieures qui ne doivent qu'à leur mérite leur élévation : l'un, par ses talents, par son noble dévoûment; l'autre, par toutes les qualités du grand guerrier. Quel est celui qui n'admire pas ostensiblement les **Murat**, les **Lannes**, les **Berthier**, les **Bertrand**, les **Las Cases**, les **Montholon** !

Il y a déjà quelques années, un grand poète a dit :

> Qui sert bien son pays n'a pas besoin d'aïeux.

Cela est très-vrai pour celui qui n'en a point ; mais le héros qui joint à une origine illustre ses qualités personnelles, a, aux yeux du sage lui-même, un mérite de plus.

III

Nous allons jeter un coup-d'œil rapide sur l'origine de l'illustre famille des Bonaparte, qui remonte à plusieurs siècles, au dire des historiens les plus accrédités. Plusieurs, tels que Bégin, — Bonifazio, — Frédérici, — Muratori, — Stéphani, — enfin le fameux Machiavel, donnent à cette noble famille l'origine la plus reculée : elle florissait dès le XIIme siècle.

Un savant et laborieux écrivain, M. Perrault-Maynard, a recueilli d'une manière brillante des documents précieux sur la famille de l'Empereur actuel. Nous le citerons souvent pour lui faire hommage de nos citations, et ne pas nous ériger en plagiaires, qui veulent se parer de l'érudition d'autrui.

Cet honorable historien fait remonter l'origine de la famille à la fin du XIIme siècle. Il nous apprend, d'après les sources authentiques où il a puisé, que Jean Bonaparte, premier du nom, fut consul de la ville de Trévise. Sa fortune fut immense. Sa bonté, sa générosité n'avaient point de bornes. Il était adoré du peuple. La ville de Trévise avait institué une magistrature suprême, une véritable dictature. On appelait podestat le magistrat qui en était revêtu. Cette ville nomma Jean Bonaparte pour son podestat (1).

(1) Perrault-Maynard, p. 11.

Ce Bonaparte eut un fils nommé Jean, comme lui : il fut grand politique. Il fut médiateur entre les villes de Vérone, Padoue, Vicence et Trévise. Par sa noble intercession, il fit conclure la paix entre ces villes. Doué de sentiments éminemment religieux, il partagea avec son siècle l'enthousiasme des croisades. Il décora sa poitrine du signe des croisés, et partit pour la Palestine. Cette croisade était commandée par les deux héros du siècle : Philippe-Auguste, roi de France, et Richard-Cœur-de-Lion. Ces deux monarques furent long-temps amis, plus tard une rivalité funeste les divisa. Richard fut lâchement trahi en Allemagne, et fut sur le point de perdre son trône.

Jean Bonaparte, à son retour, décoré des récompenses dues aux croisés, fut nommé syndic de la ville d'Assola (1).

Ce même Jean Bonaparte eut un fils, qui

(1) Perrault-Maynard, p. 13.

se distingua par son héroïsme et ses vertus. Il se nommait Nordius. Un prince voisin avait imposé à l'état de Trévise un tribut énorme qu'il ne put acquitter. Dans ces circonstances, l'état de Trévise était exposé aux fureurs du vainqueur. Nordius n'écouta que la voix d'un cœur généreux, d'une grande âme. Il s'offrit lui-même en ôtage, et garantit la dette personnellement.

C'est sans doute dans ce noble dévoûment que, vers le milieu du XIVme siècle, Eustache de Saint-Pierre puisa la sublime inspiration qui le fit se remettre en ôtage entre les mains d'Edouard, roi d'Angleterre. Il sauva ainsi la vie des citoyens de Calais.

Nordius remplit plus tard des missions de la plus haute importance; et, en 1272, il fut élu podestat de Parme.

Il possédait une fortune considérable. Il voulut l'employer noblement et pieusement. Il fonda plusieurs établissements de bienfaisance en faveur des pauvres et des orphelins.

Combien peu de gens aujourd'hui font un aussi saint usage de la fortune qu'ils ne doivent qu'à la Providence.

Plus tard, un autre fils de Jean Bonaparte acquit parmi ses concitoyens, et dans les pays voisins, une grande réputation de vertu et de justice. La ville de Padoue était tout entière en insurrection; les partis étaient en présence; le peuple et les magistrats appelèrent, d'un commun accord, Bonsemblant Bonaparte. Il s'y rendit. L'ascendant de ses vertus et de son éloquence toucha le peuple, et à sa voix l'insurrection se calma (1).

Les gens versés dans l'histoire connaissent la lutte célèbre qui, dans le XIIme siècle, divisa l'Italie. Deux factions l'agitèrent : les Guelfes et les Gibelins. Les premiers épousaient la querelle des Bavarois et du pape, et les Gibelins étaient les partisans de l'empereur Conrad. Nicolas Bonaparte, l'un des fils de

(1) Perrault-Maynard, p. 15

Jean, embrassa le parti des Gibelins. Il fut obligé de s'enfuir de Trévise et de se réfugier à Florence. Là, la vénération qu'inspirait son nom, son mérite personnel, le fit élever à de hauts emplois. On le choisit pour faire partie de cette magistrature appelée grand-conseil ; peu de temps après, il fut nommé capitaine de la milice de Florence.

Cependant la faction des Guelfes ayant dominé, les Gibelins furent forcés d'abandonner Florence. Nicolas Bonaparte et ses fils subirent un pareil sort. Il fut dû à leur vertu : c'est ainsi que les Athéniens frappèpèrent d'exil l'illustre Aristide.

Un autre Pierre Bonaparte, fils de Nordius, se montra le digne descendant de cette héroïque famille. Il détruisit, à Trévise, la tyrannie de quelques princes qui l'opprimaient. Il fut chef d'une ambassade de Trévise à un souverain de Vérone. Trévise l'éleva au rang de membre du conseil suprême. Il fut nommé podestat de Feltre. Les princes oppresseurs avaient chassé l'évêque de cette ville, Pierre le délivra et le rendit à son siége.

Après tant d'hommes illustres vinrent, avec un pareil cortège de gloire :

1° Auderic Bonaparte, qui consacra de grandes richesses à l'hôpital fondé par Nordius. Les habitants de Trévise, frappés de ses vertus et de sa générosité, l'élevèrent au rang de capitaine du peuple. Cette ville avait puisé dans l'antique Grèce de nobles traditions. La Grèce avait ses sept sages, et Trévise voulut avoir ses sages aussi. Elle les avait bornés à quatre, et Auderic en fut un ;

2° Cervandius, qui fut élevé au rang de prieur de l'ordre illustre des chevaliers Godenti ;

3° Jacques Bonaparte, qui fut ambassadeur de Trévise auprès du duc d'Autriche.

Voilà les membres de cette famille qui ont illustré ce nom dans la Marche trévisane, encore pleine de son souvenir.

Dans une autre partie de l'Italie, une autre branche de cette tige vénérable s'attira aussi le respect de ses contemporains et de la postérité. Nous y trouvons un autre Conrad Bonaparte, qui fut podestat de Sienne ; un autre Jean Bonaparte, qui fut podestat de Florence.

Cette famille a compté aussi des prêtres vénérables, entr'autres Pierre Bonaparte, qui fut doyen du chapitre noble de la cathédrale de Florence.

Après celui-ci, apparut Jean-Jacques Bonaparte, colonel de la milice florentine, auquel la ville éleva un monument où on lisait ces mots :

A L'HOMME

LE PLUS ÉMINENT DE SON TEMPS

ET DE SA PATRIE.

On doit penser qu'il s'était rendu bien digne de cette honorable inscription.

Un autre Nicolas Bonaparte, doué d'un vaste savoir, posséda parfaitement la jurisprudence civile et le droit canonique. Il fonda dans la ville de Pise une chaire de droit dans son université.

Il paraît que la valeur est native et héréditaire dans la famille des Bonaparte, car nous voyons un de ses membres, Jean Bonaparte, qui fut nommé colonel des hommes d'armes d'un comte italien. Il se rendit célèbre par son remarquable courage.

Vient ensuite André Bonaparte, qui embrassa la carrière ecclésiastique; il fut célèbre par son savoir, et mourut patricien et chanoine de l'église de San-Miniato.

L'Église a aussi revendiqué un des membres de cette famille. Bonaventure Bonaparte donna, dans le XVIIme siècle, une preuve de tout ce que peut une profonde piété. Oubliant, en vrai chrétien, l'illustration de sa famille, il lui préféra l'humble habit de saint François d'Assise. Il fut capucin à Bologne. Il fut si pieux et si bienfaisant, que l'Église crut devoir le béatifier.

Il semble que cette famille était née pour les grandes choses et pour les plus hauts emplois; car nous trouvons, vers le milieu du XIVme siècle, un seigneur souverain de Lucques qui confia, pendant longtemps, l'administration de ses états à Jacques Bonaparte, à qui les habitants crurent devoir voter des remercîments.

Le milieu du XVme siècle a vu sur la chaire de saint Pierre Thomas Parentucelli, sous le nom de Nicolas V. Il était fils de Parentucelli et de Andreosa Caldérino, petite fille de Jean Bonaparte II. Voici comment s'exprime l'auteur du *Dictionnaire historique et biographique,* article Nicolas V :

« Nicolas V, nommé auparavant Thomas de Sarzane, cardinal-évêque de Bologne, né dans un bourg, près de Luni, succéda au pape Eugène IV le 16 mars 1447. Il travailla aussitôt à la paix de l'Église et de l'Italie, et il réussit heureusement, en engageant Félix V à renoncer au droit qu'il prétendait avoir à la papauté, et en recevant à la communion le célèbre cardinal de la ville d'Arles, déposé par Eugène IV. Nicolas était d'un caractère doux et paisible, libéral, magnifique, et zélé pour le bien des peuples et pour la gloire de la Religion. Il embellit la ville de Rome, et s'acquit une estime universelle par ses bienfaits et par la protection qu'il accordait aux savants. Sous son pontificat, les belles-lettres, qui avaient été comme ensevelies pendant plusieurs siècles, commencèrent à reprendre naissance. Il fit rechercher, avec soin, les plus beaux manuscrits grecs et latins, pour enrichir sa bibliothèque, et récompensa avec munificence les hommes qui s'appliquaient à les traduire et à faire fleurir les sciences. Ce grand pape ayant découvert une conspiration formée contre lui, et ayant appris la nouvelle de la prise de

Constantinople par les Turcs, en eut tant de chagrin, qu'il mourut le 24 mars 1455, à l'âge de 57 ans. »

Nous aimons encore à rapporter le jugement d'un historien qui n'est pas suspect de partialité en faveur des papes, nous voulons parler de Bouvet de Cressé, *édition* 1826, *page* 254 : « Nicolas V, nommé primitivement Thomas de Sarzane, fut élu après Eugène IV, le 16 mars 1447, et couronné le 19 du même mois. La science et les rares qualités de ce grand homme lui firent d'autant plus mériter la première dignité du monde, que sa modestie l'en faisait juger indigne, et qu'au lieu que les autres briguent, pour y parvenir, la faveur des cardinaux, celui-ci se jettait à leurs pieds pour les prier de ne point l'élire. Il travailla à la paix de l'Église, et il réussit complètement. Aussi sa modération lui acquit l'amitié du peuple et une grande autorité parmi les princes d'Italie qui, à sa prière, cessèrent de se faire la guerre.

« Ce fut pendant que Dieu donnait la paix à son Église, après un long schisme, et par l'ouverture du Jubilé en 1450, qu'il canonisa saint Bernardin de Sienne.

« Deux ans après, il couronna à Rome l'empereur Fréderic IV, avec sa femme Éléonore de Portugal. Ce pape pouvait, jusqu'alors, se glorifier d'être un des plus heureux qui eussent gouverné l'Église. Mais une conjuration formée contre lui et contre les cardinaux par un perturbateur éloquent, nommé Poréario, dont il avait éprouvé le mauvais esprit, et, de plus, la nouvelle de la prise de Constantinople par les Turcs, en 1453, lui causèrent un grand déplaisir. La dernière surtout l'accabla d'une si grande tristesse, qu'il en mourut en 1455. »

Après cet illustre pape, nous trouvons son frère utérin, Philippe Calendrini, évêque de Bologne et cardinal.

Suit une longue liste d'autres Bonaparte,

qui ont tous joué un grand rôle dans leur patrie, tels que : Jean Bonaparte III, syndic de Sarzane ; César Bonaparte, chef des Anciens de Sarzane.

Nous approchons du tronc illustre qui a produit les diverses branches des Bonaparte modernes. Leur berceau se retrouve dans l'île de Corse, dans cette île dont Rousseau avait dit, en parlant de sa population : « La valeur et la fermeté avec lesquelles ce petit peuple a reconquis sa liberté, mériterait bien qu'un homme sage lui apprît à la conserver: j'ai quelque pressentiment qu'un jour cette petite île étonnera l'Europe. »

Le philosophe de Genève a prophétisé vrai.

Tout homme un peu versé dans l'histoire connait la lutte célèbre qui a existé entre la Corse et la république de Gènes. Il connaît les nobles efforts de Paoli pour affranchir sa patrie du joug des Génois. On sait que cette île fut plus tard réunie à la France; qu'il y eut un parti pour celle-ci et un parti pour l'Angleterre.

Les Bonaparte de Corse épousèrent le parti de la France, ce qui leur valut la haine de Paoli, l'exil et la ruine de leur famille.

IV

Nous voici maintenant dans le domaine de l'histoire moderne, et les faits qu'elle retrace sont connus de tout le monde ; aussi, nous n'avons besoin de recourir à aucun historien.

Nous prendrons pour point de départ, dans cette nouvelle ère, Charles-Marie Bonaparte.

Cet homme honorable avait d'abord associé ses efforts à ceux de Paoli. Mais ce héros ayant été contraint de céder à la force, il songea encore au bonheur et à la gloire de sa patrie. Puisque sa nation ne pouvait former un royaume indépendant ; puisqu'il sentit qu'elle ne pouvait être que suzeraine, il la voulut sous la tutelle d'une grande nation.

Deux généraux français administraient la Corse : M. de Marbœuf et M. de Narbonne. Des dissentiments graves s'élevèrent entr'eux. Une députation de l'île de Corse fut envoyée au roi de France, et à sa tête était Charles-Marie Bonaparte. Il rendit justice à M. de Marbœuf, qui triompha de son rival. Ce Charles Bonaparte est le père de Napoléon Ier. Il avait épousé Maria-Letizia Ramolino, issue de la plus haute origine. Charles Bonaparte mourut à Montpellier, jeune encore, quelques années avant notre Révolution.

Cet homme honorable était loin de soupçonner qu'il avait donné au monde trois Rois et un Empereur!

Napoléon Ier est un de ces hommes dont l'histoire ne perdra jamais le souvenir; et lorsque les gloires humaines vont s'affaiblissant à travers les siècles, la sienne conservera toujours son éclat.

Dès ses plus jeunes années, il annonça ce qu'il serait un jour. Elève à l'école militaire de Brienne, il était le modèle de ses condisciples. Ce génie, encore dans son germe, tendait toujours à se développer. Napoléon était studieux, toujours réfléchi, toujours méditatif. Les sciences exactes étaient celles qui l'attachaient le plus, et il y fit d'immenses progrès.

De même que les grands poètes ont presque toujours bégayé leurs premiers vers: de même que Pascal, dès son enfance, s'occupait toujours de mathématiques; de même les amusements du jeune Napoléon étaient des jeux guerriers. De concert avec ses camarades d'étude, il aimait à simuler des siéges et des combats.

Mais la scène du monde attendait le grand homme. Notre Révolution avait déjà éclaté, et Napoléon, lieutenant d'artillerie depuis 1785, fut nommé capitaine en 1793.

Cependant une horde de scélérats avait foulé aux pieds la dignité royale. Le plus vertueux des monarques, Louis XVI, était outragé par la vile populace des faubourgs de Paris, et sa tète vénérable était souillée par le hideux bonnet rouge, emblème du sang dont les héros de la Révolution se montrèrent si avides. Le jeune Napoléon vit passer ces phalanges d'assassins, et il demanda *pourquoi on n'avait pas mitraillé cette bande de misérables*. Noble prélude aux sublimes paroles qu'il prononça, un 21 *janvier*, du haut du Trône Impérial, à l'occasion d'un bal qu'on voulait donner à la cour : *On ne danse pas le jour de la mort d'un honnête homme!* Celui-là était digne de le remplacer!...

Nous avons vu que le célèbre Paoli avait noblement combattu contre Gênes, mais il finit par se rallier à l'Angleterre. Bonaparte, insensible à toutes les démarches faites auprès de lui pour l'engager à épouser ce dernier parti, resta fidèle à la France. Et c'est pour avoir combattu en faveur de cette dernière, qu'il avait été banni de la Corse.

La ville de Toulon avait eu la faiblesse de se livrer à l'Anglais. La France voulut reprendre cette importante ville maritime. Bonaparte y fut envoyé en qualité de commandant. On sait quel est le talent prodigieux qu'il déploya dans ce siége. Ce fut à lui qu'on dut la prise de la ville. Mais les Anglais, en se retirant, incendièrent dans le port treize vaisseaux français. La prise de Toulon couvrit de gloire le jeune Bonaparte. Plus tard, il fut général en chef de l'armée d'Italie. Les bulletins de l'époque ont éternisé le nom de Napoléon : Arcole, Rivoli, et tant d'autres victoires mémorables, le firent proclamer le héros de l'Italie.

Rentré en France pour faire ratifier le traité célèbre de *Campo-Formio*, le gouvernement d'alors, redoutant ses talents, chercha à l'écarter. Il craignait que son grand nom, sa popularité, ne le portassent au pouvoir suprême, s'il voulait y parvenir. Il avait prouvé, dans les guerres d'Italie, toute la capacité des plus illustres capitaines. Nouvel Annibal, il avait franchi les Alpes avec le vol de l'aigle. L'histoire du temps nous rapporte les paroles qu'il adressa à ses soldats du haut de la cime des Alpes. Les voici : *Soldats, vous manquez de tout au milieu de ces rochers. Le gouvernement vous doit beaucoup, et il ne peut vous rien donner. Vous faites preuve d'une patience et d'un courage admirables, mais sans gloire. Je veux vous conduire dans les plaines les plus fertiles du monde. De grandes villes, de riches provinces seront en votre pouvoir; vous y trouverez des richesses, de la gloire et de l'honneur! Soldats d'Italie, vous ne manquerez pas de constance.*

Pour écarter cet homme si redoutable.

qu'il n'osait frapper d'ostracisme, le gouvernement révolutionnaire proposa au jeune général une expédition en Égypte. Bonaparte entrevit un grand résultat, celui de l'affaiblissement de l'Angleterre dans les Indes; il s'agissait de s'ouvrir un chemin vers l'Arabie, la Syrie et l'Inde.

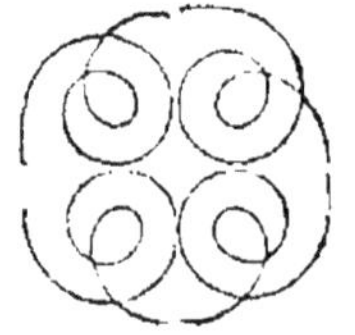

V

Bonaparte s'embarqua à Toulon avec son armée, emmenant avec lui l'élite des savants français. Il se proposait, en même temps que la conquête, l'exploration de cette terre aux grands souvenirs. Il voulait dérouler ses archives, fouiller dans ses temples antiques, dans ses monuments, et interroger jusqu'à ses ruines. Son voyage s'accomplit miraculeusement au milieu de l'escadre anglaise qui le poursuivait. Ennemie de la France, l'Angleterre ne cherchait qu'à ternir sa gloire et enchaîner ses héros. En passant devant Malte, il obtient la capitulation de cette île célèbre. Bientôt il débarque son armée sur le sol africain, pénètre dans Alexandrie, malgré les obstacles, et en confie le commandement au général Kléber, à ce général dont il dit quelque part que *c'était le dieu Mars en uniforme*.

De là, et à travers les déserts, il se dirige vers la ville du Caire, où s'élèvent ces fameuses pyramides, monuments de la puissance et de l'orgueil des rois égyptiens. A la vue des pyramides, ce grand génie s'inspira par ces monuments, et prononça ces magiques paroles : *Soldats, songez que du haut de ces monuments quarante siècles vous contemplent!* Jamais les capitaines de l'antiquité n'avaient adressé à leurs soldats une harangue aussi remarquable par l'énergie, la profondeur et la concision. Que de poésie dans cette harangue ! Ces pyramides ne sont pas une froide pierre que les temps ont revêtue de mousse ; il les anime : pour lui, pour sa brillante armée, ce sont des observateurs qui ont traversé les siècles, attendu une armée, contemplé ses héroïques efforts.

Il était difficile que cet enthousiasme ne se communiquât pas à son armée. Les mamelucks, cette milice célèbre de la Turquie, vint lui disputer le passage. Un combat de vingt heures a lieu, et les mamelucks sont brisés. Nous tenons ces détails d'un homme qui faisait partie de l'armée, et qui combattit dans ses rangs. Cet homme était notre frère.

Cependant, notre flotte avait mouillé dans les eaux d'Aboukir; et pendant la nuit elle fut attaquée par Nelson, amiral d'Angleterre. Brueys, célèbre amiral français, perdit la vie dans ce combat; son vaisseau fut incendié, et sauta avec une épouvantable explosion. Dix autres navires furent pris par les Anglais.

Napoléon apprend ce désastre; son grand

cœur n'en fut pas ému. Il se rappelle qu'un grand capitaine, arrivant sur une terre étrangère, brûla ses vaisseaux pour s'interdire tout espoir de retraite. Non moins grand que ce héros, Napoléon s'écria : *Eh bien! il faut rester ici, ou en sortir grands comme les anciens.*

Ensuite, il s'empare de la ville du Caire. Les déserts ne sauraient l'arrêter, il les traverse, passe en Syrie. Là, il s'empare de Gaza et de Jaffa, et il va mettre le siége devant Saint-Jean-d'Acre. C'est l'antique *Ptolémaïs*, si célèbre dans l'histoire des Croisades, par les grands souvenirs de saint Louis, de Philippe-Auguste, de Richard-Cœur-de-Lion, aux efforts desquels elle avait résisté.

Mais cette ville était constamment soutenue et ravitaillée par les Anglais, et le Grand Homme ne voulut pas sacrifier inutilement ses frères d'armes. C'est dans ces mêmes lieux qu'il remporta la célèbre victoire du

Mont-Thabor, ce mont qui rappelle de si grands, de si religieux souvenirs!

Cependant, au milieu des sables de l'Afrique, ce vaste génie avait ses regards tournés vers la France. Le gouvernement révolutionnaire, composé de cannibales, avait fait tomber la tête du meilleur des rois; de ce monarque qui, à son *avénement*, avait aboli ce *droit;* supprimé la corvée, la torture, la servitude dans ses domaines, et rappelé les parlements; de ce roi qui, pendant un rigoureux hiver, fit distribuer du bois aux pauvres, et allumer de grands feux sur les places publiques. Ces monstres avaient conduit à l'échafaud cette belle reine si méconnue, si horriblement calomniée: cette reine dont la bienfaisance était inépuisable; cette jeune reine qu'on a vue, pendant ce même hiver, porter elle-même des couvertures de laine pour couvrir la couche des malheureux; cette reine dont la beauté n'a été surpassée que par celle de l'Impératrice Eugénie, la noble et digne compagne de Napoléon III.

La Révolution avait fait tomber aussi la tête de Madame Élisabeth. Ces forcénés, conduits par Marat, Couthon, Robespierre, Saint-Just, Danton, Hébert, Fouquier-Thinville, avaient inondé de sang Paris et la France. Les nobles, le clergé, tout ce qui était vertueux, fut persécuté et mis à mort. Dieu lui-même fut attaqué par ces misérables; le culte catholique fut aboli, et on mit à sa place le culte de la Raison : cette déesse à laquelle, comme au *dieu Teutatés*, on immola plus tard des victimes humaines. Quel est le contemporain qui ne se rappelle avec dégoût ces processions dans lesquelles on promenait, avec un respect idolâtre, les bustes de Marat et de Brutus, comme pour préconiser la Révolution et le régicide? On n'a pas oublié ces fêtes de la *Jeunesse*, de la *Vieillesse*, de l'*Agriculture*, qui semblaient préluder au culte bizarre du panthéisme, et qui durent faire une impression si profonde sur une jeune génération. On se rappelle que le mariage ne fut plus entouré de ces formalités salutaires, de cette pompe auguste, qui consacre l'union de deux époux. Une seule parole d'un officier municipal unissait un homme et une femme; et le divorce n'avait guère à subir d'autre formalité.

La France était lasse d'orgies, de troubles et de sang. Elle jetait un long et douloureux regard sur un sauveur ; ses vœux appelaient un nouveau messie qui vînt la régénérer. Le nom du héros de l'Italie et de l'Égypte était dans toutes les bouches. Ce vœu fut entendu ou compris, et Napoléon abandonna l'Égypte avec quelques généraux, et les savants qui l'avaient suivi.

Cependant l'Europe était en même temps agitée, comme l'Asie et l'Afrique. L'esprit des révolutions remuait déjà les peuples, et surtout l'Italie. Une insurrection éclata dans Rome ; le pape Pie VI se vit déposé de son siége; et le nom de *République* remplaça celui des *États de l'Église*. Ce malheureux Pontife se réfugia dans un couvent, et, de là, on le traîna dans un cachot. Le vicaire de Jésus-Christ y périt d'une manière misérable. Une coalition s'était formée contre la France par les menées de l'Angleterre: nous eûmes à lutter contre presque toute l'Europe.

Le plus affreux désordre régnait dans l'administration de la France. Les finances étaient dans le plus mauvais état, par suite des dilapidations des hommes qui nous gouvernaient. La banqueroute était inévitable, et on la décréta sans pudeur par une loi qui réduisit la rente des créanciers de l'État sous le nom de *tiers consolidé*.

C'est dans ces graves circonstances que Napoléon mit le pied sur le sol français, et parut à Paris. On conçoit que ce même Directoire, qui le redoutait, dut l'accueillir sans aucune sympathie. Il connaissait son mérite: il savait tout ce qu'il pouvait entreprendre s'il l'avait voulu. Cet homme redoutable, il fallait l'écarter, et le Directoire lui proposa une expédition nouvelle qui devait flatter son courage. Mais Napoléon était trop clairvoyant pour tomber dans le piège. Il pénétra les intentions des Directeurs, et il refusa formellement.

Le Directoire fut débordé et vaincu par une majorité républicaine, fruit des élections. Notre commerce penchait vers sa ruine ; les pillages et les déprédations menaçaient et nos finances et le crédit public.

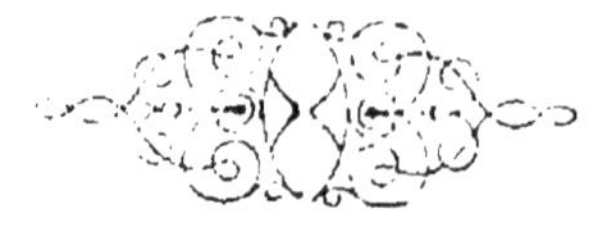

VI

Tous les hommes de ce siècle ont entendu parler de la journée du 18 *brumaire*, dans laquelle Bonaparte délivra la France des restes impurs de la Révolution, et prit les rênes de l'État.

Sous le titre de consul temporaire, puis de consul pour dix ans, puis à vie, il comprima tous les projets des révolutionnaires, et il étouffa dans ses bras puissants l'hydre de l'anarchie.

Il désirait sincèrement la paix; mais déjà l'Autriche avait envahi l'Italie avec une armée formidable; Bonaparte franchit avec son armée le mont Saint-Bernard, et par ses manœuvres savantes, par sa valeur, la bataille de Marengo vit nos armées triomphantes.

Enfin, le Sénat, composé d'hommes graves, sentit tous les inconvénients d'un régime précaire, qui enfantait tous les jours des conspirations nouvelles, en allumant toutes les ambitions. Il sentit que le gouvernement monarchique était celui qui offrait le plus de garanties d'ordre et de stabilité: et il conçut la grande idée d'un gouvernement impérial. En effet, un décret de ce corps établit la dignité impériale dans la personne de Napoléon Ier.

Nous venons de passer rapidement sur les grands évènements accomplis à cette époque, parce que nous n'écrivons pas une histoire. Nous l'avons fait à dessein, pour avoir le plaisir de céder la parole à un historien consciencieux, M. Th. Bénard. Ce judicieux écrivain s'exprime ainsi :

« La nation, fatiguée de l'état d'anarchie dans lequel la laissait un gouvernement sans force et sans dignité, tournait tout son espoir vers Bonaparte ; aussi son retour fut-il salué avec joie. Le jeune général se vit l'objet d'un amour presque superstitieux ; tous les partis cherchaient à l'attirer, tous comptaient sur lui, et l'instinct populaire semblait deviner en lui le futur sauveur de la France. Bonaparte, assuré de la coopération de l'armée et de l'assentiment du conseil des Anciens, renverse le gouvernement directorial le 18 brumaire an VIII (9 novembre 1799). Mais le lendemain s'étant rendu au conseil des Cinq-Cents, il fut accueilli par ces cris : *A bas le tyran ! à bas le dictateur !* Lucien, son frère, qui présidait l'assemblée, ne put en contenir l'effervescence. Alors, un peloton de troupes pénétra dans la salle des séances et chassa ceux des députés qui cherchaient à maintenir la constitution de l'an III. Le Directoire ainsi aboli, deux commissions choisies parmi les membres modérés du corps législatif élaborèrent une nouvelle loi organique de l'État, et le pouvoir exécutif fut remis provisoirement à Bonaparte, Siéyès et Roger-Ducos. Bientôt la nouvelle constitution est promulguée : un consulat, composé de trois membres, est chargé du pouvoir exécutif : Bonaparte est nommé premier consul; Cambacérès et Lebrun, consuls secondaires. Un *tribunat* est créé pour préparer et discuter les lois; un *corps législatif* pour les décréter, enfin un *sénat* pour veiller à leur maintien. Cette constitution fut soumise au vote populaire, et la sanction du peuple plaça la nation sous la protection du génie puissant de Bonaparte.

« L'immense majorité des Français applaudit à la chute du Directoire, et accueillit avec enthousiasme le pouvoir de Bonaparte. Le premier consul, que le pays ne connaissait encore que comme grand général, se montra plus grand administrateur. Il donna ses premiers soins au rétablissement de l'ordre, que douze ans de révolutions faisaient regarder comme le premier de tous les besoins. Il réconcilia les partis, révoqua les décrets de déportation, rétablit la religion catholique, et ferma la liste des émigrés. Pour fonder une administration à la fois forte et éclairée, dit un historien célèbre, il constitua le département à l'image de l'État lui-même. Les départements étaient administrés par des directoires électifs sur lesquels le pouvoir central avait peu d'action; il les remplaça par un *préfet*, relevant directement du ministre de l'intérieur, et concentra dans les mains de ce fonctionnaire toute l'autorité exécutive. A côté de lui, il plaça, dans le *conseil de préfecture*, une sorte de conseil d'état départemental, et dans le *conseil-général* une sorte de corps législatif. Le *sous-préfet* eut aussi un conseil d'arrondissement ; le *maire* de chaque commune, un *conseil municipal*. Ainsi l'action était réservée à un seul, la délibération à plusieurs. Il fonda la banque de France, reconstitua la magistrature, organisa l'instruction publique, créa des lycées et des écoles primaires, et établit, pour récompenser tous les mérites, l'ordre de la Légion-d'Honneur. Enfin, il commença la rédaction d'un code approprié aux besoins nouveaux du pays. La nation, pour reconnaître tant de bienfaits, nomma Bonaparte consul pour dix ans (6 mai 1802), puis, le 2 août suivant, consul à vie.

« L'administration consulaire, en rétablissant la tranquillité à l'intérieur, cherchait à rouvrir toutes les sources de la richesse publique. Le commerce, l'industrie, l'agriculture renaissaient; mais pour qu'ils pussent atteindre à la prospérité, la paix, menacée sans cesse par les ennemis du dehors, était indispensable; elle ne pouvait être obtenue que par des victoires.

« Une armée, organisée promptement sans éveiller les soupçons de l'ennemi, entra en campagne aux premiers jours de mai 1800, sous les ordres de Bonaparte; elle passa les Alpes sur trois points, pénétra en Italie, prit Milan, conquit la Lombardie, franchit le Pô, atteignit les Autrichiens à Montebello, où ils furent battus, et les écrasa à Marengo le 14 juin 1800. Pendant cette campagne, qui fut exécutée en quarante jours, Moreau gagnait plusieurs batailles et s'avançait jusqu'aux portes de Vienne. L'Autriche, effrayée par ces succès rapides, demanda la paix; elle fut signée à Lunéville le 9 février 1801. D'autres traités réconcilièrent la France et le reste de l'Europe continentale. Un concordat avec le pape termina les différends ecclésiastiques, et la Religion recouvra son éclat et son indépendance.

« L'Angleterre restait seule l'ennemie de la France; mais abandonnée à ses propres forces, elle ne pouvait pas continuer longtemps à combattre. Elle se décida enfin à suivre l'exemple que lui avait donné la cour de Vienne, et, le 25 mars 1802, la paix fut signée à Amiens. L'évacuation forcée de l'Égypte, la funeste issue d'une expédition tentée pour recouvrer Saint-Domingue, s'oublièrent au sein de l'ivresse causée par cette pacification générale.

« Mais les Anglais éludèrent bientôt le traité d'Amiens. Alors Bonaparte s'empara du Hanovre, patrimoine du roi d'Angleterre, et fit à Boulogne d'immenses préparatifs pour opérer une descente en Angleterre. Les Anglais, effrayés, suscitent des ennemis au redoutable Consul. Chaque jour de nouveaux complots se forment contre sa vie ; le plus célèbre fut celui de la *machine infernale* qui éclata sur son passage.

« La France, comme pour protester contre ces odieux complots, offrit au Consul la Couronne Impériale, et le 18 mai 1804 il fut proclamé Empereur, sous le nom de Napoléon Ier. »

VII

Lorsque Napoléon Ier monta sur le trône de France, il était l'époux de Joséphine, veuve du vicomte de Beauharnais, qui embellissait sa vie par ses grâces et son affection. Elle avait un fils de son premier mariage. Napoléon l'adopta, l'instruisit dans le grand art de la guerre; et, plus tard, il le nomma vice-roi de l'Italie, qu'il avait érigée en royaume. Sa main puissante couvrait toute l'Europe. Il plaçait son frère Jérôme sur le trône de Westphalie; — son frère Joseph sur le trône d'Espagne; — son beau-frère Murat sur le trône de Naples; — et sur le trône de Hollande, son frère Louis, auquel il donna pour épouse Hortense de

Beauharnais, dont les grâces, les talents, le mérite, n'avaient point de rivaux. Cette reine donna le jour à l'Empereur régnant.

Mais l'époux de l'impératrice Joséphine n'avait point d'enfants. Ce grand génie avait compris l'importance politique et morale du dogme salutaire de l'hérédité. Aussi, dans une circonstance, il prononça ce mot célèbre : *Ah! si j'étais mon petit-fils!* Il voulut perpétuer sa dynastie, et il consentit à déchirer son cœur d'époux. On sait avec quelle douleur, mais avec quelle noble résignation, Joséphine consentit à la dissolution de son mariage.

Alors Napoléon épousa la fille des Césars. Grand acte de politique, qui devait, d'après les lois de la nature, cimenter une alliance durable entre la France et l'Autriche. Il n'en fut pas ainsi......

De son second mariage, l'Empereur eut un fils, qui reçut en naissant le titre de roi de Rome.

VIII

Ici se présente l'examen d'une grande question. Bonaparte fut-il usurpateur? question qui lui est commune avec son illustre Neveu.

Lorsque Napoléon devint consul, il n'existait en France aucun membre de la famille des Bourbons. Leur déchéance avait été proclamée, et leur légitimité noyée dans le sang des français. Il y avait en France *anarchie* complète; et l'homme qui aurait voulu faire asseoir un Bourbon sur le trône de France aurait été infailliblement immolé.

On sait que les premiers rois des Francs étaient nommés par le peuple. Dans des temps bien plus rapprochés de nous, les

Français usèrent, dans une circonstance bien solennelle, de leurs droits d'élection; nous voulons parler de Pépin-le-Bref, l'un des fils de l'illustre Charles Martel. Le trône de France était vacant depuis la mort de Thierry II. Après cinq ans d'interrègne, les enfans de Pépin y firent asseoir un fils de Thierry, qui fut appelé Childéric III. Mais sa faiblesse montra au peuple le besoin d'une main puissante pour tenir le sceptre.

Carloman, l'un d'eux, quitta le monde, et laissa à son frère le soin de gouverner toute la monarchie. Pépin crut le moment favorable pour placer la couronne sur sa tête, et il fut proclamé d'une voix unanime roi des Francs.

Childéric avait pour lui sa naissance, et l'ordre de succession non interrompu dans la ligne masculine des Mérovingiens. Mais les Francs étaient las de voir la puissance royale toujours enveloppée d'un nuage par l'interposition des Maires du Palais entre le Trône et la Nation.

L'histoire nous apprend que l'on résolut de s'en rapporter à la décision du chef de l'Église. Le pape Zacharie était assis alors sur la chaire de saint Pierre. On lui demanda quel était le plus digne de régner, ou celui qui remplissait toutes les fonctions de la royauté sans avoir le titre de roi, ou celui qui portait ce titre sans exercer un pouvoir trop pesant pour ses faibles mains. Le pape prononça pour le roi *de fait* contre le roi *inutile*.

Tous les Francs adhérèrent à cette décision, et Pépin fut reconnu roi. Dès-lors, le droit d'élection se trouve formellement consacré par l'extinction de la race des Mérovingiens, qui avaient rempli une période de 332 ans. Aussi, les historiens n'hésitent pas à dire que l'élévation de Pépin ne fut point une usurpation, puisque la Nation et la cour de Rome l'avaient placé de concert sur le trône.

Voilà donc un PRÉJUGÉ de la plus haute importance en faveur des hommes puissants appelés par la Nation tout entière à s'asseoir sur un trône vacant.

Cette opinion choquera peut-être quelques personnes; mais, sans nous préoccuper des avantages ou des inconvénients des gouvernements héréditaires ou électifs, nous nous bornons à rapporter l'histoire; elle nous atteste que les premiers rois francs étaient élus par le peuple, et que leur élévation et leur couronnement consistaient à être élevés et portés sur des boucliers. Noble emblème qui disait aux rois : défendez vos peuples, et soyez le bouclier de votre royaume.

Quelle différence entre la position politique des deux Bonaparte et celle de Louis-Philippe! Ce dernier avait vu les Bourbons de la branche aînée sur le trône de France; il vivait avec eux, comblé de leurs faveurs. Charles X, banni par une insurrection dirigée par les ennemis de la légitimité, avait déposé tous ses pouvoirs entre les mains de Louis-Philippe, sous le titre de lieutenant-général du royaume. Le grand cœur du malheureux roi avait compté sur la loyauté et sur l'honneur de son cousin qui, dans l'intimité, s'était prononcé en sa faveur. Mais ce prince était engagé secrètement avec les chefs du parti révolutionnaire, et Charles X n'obtint de lui, pour toute gratitude, que des paroles affectueuses, qui cachaient sa future usurpation. Et les hommes de la chambre, qui se réunissaient mystérieusement chez lui et lui avaient aplani les voies, complétèrent leur travail dans la trop fameuse adresse des 221. Dès ce jour, Louis-Philippe fut roi de France. Parent déloyal, il abusa du saint dépôt qu'on lui avait confié. Violant ouvertement toutes les antiques lois de la Monarchie, il donna tous ses biens à ses enfants *deux jours* avant la cérémonie matérielle du couronnement, pour les arracher au domaine de la Couronne. Mais, plus tard, un grand coup de politique a fait justice de cet acte de véritable spoliation; car, voulant succéder aux rois de France et continuer leur dynastie, il devait suivre leurs antiques errements.

Revenons un instant à Napoléon Ier : un Français doit aimer à rappeler les gloires de sa patrie. On sait quels prodiges ont vu éclore les années de l'Empire : presque toute l'Europe subjuguée: toutes ses capitales foulées sous le pied du conquérant : l'Europe soumise à ses lois puissantes : les trônes s'écroulant et s'élevant à sa voix. Tels furent les résultats de quelques années de travaux et de conceptions d'un immense génie.

Mais le géant des siècles avait fait son temps; il avait agi assez pour le monde : les desseins de la Providence étaient accomplis. Napoléon ne devait pas être vaincu par les hommes, il ne pouvait l'être que par les éléments conjurés. Il fallait pour arrêter la valeur française, pour vaincre ces fiers enfants des Gaulois, il fallait l'hiver le plus rigoureux qu'eût jamais vu la Russie.

IX

Il est en histoire des évènements qui font époque dans la vie des nations, et qui fournissent plus tard de mémorables rapprochements. L'île de Corse, sur laquelle Rousseau a prophétisé, n'était pas destinée à former un royaume indépendant. Elle a trop peu d'étendue (240 kil. de long sur 90 de large), pour mériter d'être un royaume à part. Si la valeur, si le génie, si un noble amour de l'indépendance, avaient pu faire plier les lois de la géographie, quel peuple aurait mieux mérité de former un royaume indépendant?

Telle n'était pas la destinée de cette île célèbre, long-temps occupée par les Sarrasins; plus tard, Adimur, amiral des Génois, l'a prit sur eux, et la soumit à la république de Gènes. Mais, en 1730, elle se révolta contre des maîtres indignes de lui commander; et c'est cette lutte héroïque sur laquelle l'Europe avait les yeux fixés.

Enfin, en 1768, les Génois furent forcés d'abandonner leur conquête, et la Corse fut par eux cédée à la France. Un édit du roi Louis XV déclara la réunion de cette île à notre pays; ainsi, dès ce jour, la Corse fut, comme aujourd'hui l'Algérie, une terre française. Une conséquence dont notre patrie doit se montrer fière, c'est que Napoléon est né Français!

Ici se présente un rapprochement de faits évidemment providentiels. On a remarqué que l'édit de réunion est du 15 août 1768 ; et une année après, jour par jour, naquit à Ajaccio Napoléon Ier. La Providence semblait attendre que la Corse fût française, pour la rendre digne d'enfanter cet homme qui devait éclipser Alexandre, César et Charlemagne. Elle le fit naître le jour même où l'on célébrait le premier anniversaire de cette réunion ; et les cris de joie retentirent autour de son berceau....

X

La dynastie d'Orléans, sortie d'une émeute, ayant constamment lutté contre la volonté nationale, fut renversée, à son tour, par la révolution du 24 février.

Une république de quelques heures succéda à un règne de dix-huit ans. Mais la France sembla comprendre qu'une république n'est pas son élément. Elle vit avec effroi ce pouvoir, né d'une insurrection, augmenter subitement les impôts de 45 pour cent. Cela commençait à compter....

Cependant, il fallait un chef à cette république, tant il est vrai que l'idée monarchique est naturelle à l'homme.

Il fallut un Président.

Une famille dont l'éclat remontait à plus de six siècles, une famille qui avait fourni des diplomates, des magistrats, un successeur de saint Pierre, des conquérants, des rois, un empereur; cette famille était vivante encore dans le cœur des Français. Le fils d'un de ces rois vivait encore. De longs malheurs, une longue captivité, de profondes études, de sévères méditations sur les hommes et sur les choses, avaient mûri son esprit. Il avait toujours songé à la France, et refusé une couronne pour ne point abandonner sa patrie : *Plus heureux de vivre en France en simple particulier, que sur le trône de la péninsule hispanique.*

Six millions de voix l'appelèrent à la présidence. Le voilà, dès ce jour, à la tête de la première nation de l'univers. L'histoire, présente encore à tous les esprits, nous apprend comment il sut se rendre digne de ce rang élevé. Ses premiers soins tendirent à rétablir l'ordre partout, et ses grands actes d'administration donnèrent de lui à l'Europe la meilleure opinion. Bientôt il montra sa sollicitude pour les classes laborieuses, et plaça sous son auguste patronage les *cités ouvrières*, auxquelles il fut distribué trois millions.

XI

Un évènement, heureusement bien rare dans les annales des nations, vint agiter l'Europe entière. Un vicaire de Jésus-Christ, le vénérable Pie IX, avait vu sa vie menacée par une coupable insurrection : la chaire de saint Pierre avait été brisée ; un ministre du Saint-Père avait été assassiné. Pie IX avait été contraint de fuir la ville éternelle. Le monde chrétien en fut ému. La France et

7.

son illustre Président entendirent les cris de la Religion éplorée, et, dans le mois d'avril 1849, une armée française marchait sur le sol de l'Italie, pour aller réduire une ville rebelle. Presque toutes les puissances de l'Europe avaient pris les armes; elles avaient offert leur concours à la France. Mais cette fière nation voulut prouver qu'elle pouvait tout par elle-même. La France, long-temps agenouillée devant l'Europe, était maintenant debout, et le Prince-Président voulut qu'elle eût seule la gloire d'opérer cette restauration. On sait que cette ville capitula le 30 juin, et que les Français y entrèrent le 3 juillet. Le général Oudinot fit en ce jour un grand acte politique et religieux : il envoya au Saint-Père les clés de Rome.

Combien le Souverain Pontife dut être heureux, quand il se vit protégé et rétabli par le chef du *royaume très-chrétien*, dont les prédécesseurs étaient appelés *les fils aînés de l'Église!*

Le Président de la France avait aimé à recueillir les antiques traditions de notre patrie. Le célèbre Charles Martel avait assuré au pape Zacharie la possession de Rome. Plus tard, Astolphe, roi des Lombards, avait osé assiéger, par jalousie, cette même ville. Le pape Étienne III était alors Souverain Pontife. A l'exemple de son prédécesseur, qui avait invoqué l'appui de Charles Martel, Étienne III invoqua l'appui de Pépin. Celui-ci entendit cet appel; il envoya des ambassadeurs à Astolphe, chargés d'obtenir de gré ou de force que le siége fût levé. Le roi des Lombards n'osa pas résister aux désirs du roi de France, et il se retira. Ce fut à la suite de ce résultat que le pape Étienne donna au roi le titre de *défenseur de l'Église romaine.*

Un peu plus tard, Charlemagne, fils de Pépin, devint l'appui du pape Léon III. Une conspiration avait été formée contre lui à Rome; il avait même été emprisonné et maltraité. Il courut vers Charlemagne, et le constitua arbitre entre lui et ses sujets. Bientôt le grand roi se rendit dans la capitale du monde chrétien. Il se fit rendre compte des derniers troubles, de la situation actuelle des esprits. Il convoqua une assemblée du clergé et des grands de Rome. Le Pape posa sa main sur le livre des Évangiles, et se purgea par serment de toutes les accusations portées contre lui. Le peuple accueillit sa justification par des transports de joie: le clergé adressa au ciel des vœux et des prières pour la prospérité du Pontife.

On voulut alors décerner à Charles la couronne impériale, et rétablir pour lui l'empire d'Occident. Le grand roi refusa d'abord; mais, quelques jours après, à la fête de Noël, il fut invité à se rendre à la basilique de Saint-Pierre, sous l'habit de patrice. Ce fut à regret que Charlemagne quitta le vêtement des Francs. Il fut se placer au pied de l'autel. Le Pontife allait célébrer l'office. Il saisit ce moment pour poser la couronne sur le front du roi, et se prosterna à ses genoux. Aussitôt le temple retentit de ces mots : *Vive Charles, toujours auguste, grand et pacifique Empereur des Romains, couronné de Dieu, qu'il soit à jamais victorieux!*

Ainsi, l'Empereur Napoléon III marcha sur les traces des hommes illustres que nous venons de citer, et plus heureux que Pépin et Charlemagne, il eut à vaincre plus de difficultés. Il semble que la France soit destinée à être éternellement la protectrice de cette ville qui fit jadis trembler l'univers.

L'Europe et la chrétienté applaudirent à ce magnifique triomphe. Le nom de Napoléon retentit jusques au fond de la Syrie, et Jérusalem en frémit de bonheur : le Père des chrétiens était libre, et le vicaire de Jésus-Christ devait sa liberté à la France.

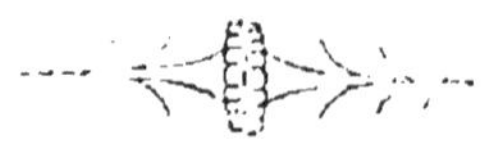

XII

On n'a pas assez remarqué un des traits les plus honorables de la vie de Napoléon III; c'est peut-être celui où il a montré l'âme la plus élevée, la plus glorieuse franchise. Nous voulons parler du discours qu'il prononça dans la ville de Ham, dans cette ville où il avait été six ans captif. Nous craindrions d'affaiblir ces nobles paroles en les analysant. Écoutons le Prince lui-même :

« Aujourd'hui qu'élu par la France entière, je suis devenu le chef légitime de cette grande nation, je ne saurais me glorifier d'une captivité qui avait pour cause l'attaque d'un gouvernement régulier. Quand on a vu combien les révolutions les plus justes entraînent de maux après elles, on comprend à peine l'audace d'avoir voulu assumer sur soi la terrible responsabilité d'un changement. Je ne me plains donc pas d'avoir expié ici, par un emprisonnement de six années, ma témérité contre les lois de ma patrie; et c'est avec bonheur que, dans les lieux même où j'ai souffert, je vous propose un toast en l'honneur des hommes qui sont déterminés, malgré leurs convictions, à respecter les institutions de leur pays. »

On ne peut exprimer plus noblement de plus généreuses pensées. Il ne faut souvent qu'un trait pour peindre tout un homme.

Pendant le voyage que le Prince fit à travers la France, ce ne fut pour lui que triomphe et preuves de sympathie : dans plusieurs villes il fut salué du nom d'Empereur. Il semblait que c'était un prélude des grands évènements qui devaient bientôt s'accomplir.

Cependant, la France était inquiète; un bruit sourd et sinistre grondait dans son sein.

Les factions s'agitaient dans l'Assemblée Nationale. Trois partis semblaient prêts à déchirer la patrie pour se partager ses lambeaux. Elle cherchait à affaiblir l'autorité du Prince-Président, en élevant à ses côtés une autorité rivale, et même plus puissante encore. La France courait à l'abîme. Napoléon le comprit. Et le 2 décembre 1851 on lisait affiché dans Paris un décret ainsi conçu :

« L'Assemblée Nationale est dissoute. Le suffrage universel est rétabli. La loi du 31 mai est abolie. Le peuple français est convoqué dans ses comices. »

Plus bas on lisait ce qui suit :

« Français ! la situation actuelle ne peut durer plus long-temps. Chaque jour qui s'écoule aggrave les dangers du pays. L'Assemblée, qui devait être le plus ferme appui de l'ordre, est devenue un foyer de complots. Le patriotisme de trois cents de ses membres n'a pu arrêter ses tendances. Au lieu de faire des lois dans l'intérêt général, elle forge des armes pour la guerre civile; elle attente au pouvoir que je tiens directement du peuple ; elle encourage toutes les mauvaises passions, elle compromet le repos de la France. Je l'ai dissoute, et je rends le peuple juge entre elle et moi..... Je fais donc un appel loyal à la Nation tout entière, et je vous dis : Si vous voulez continuer cet état de malaise qui nous dégrade et compromet notre avenir, choisissez un autre à ma place, car je ne veux plus d'un pouvoir qui est impuissant à faire le bien, me rend responsable d'actes que je ne puis empêcher, et m'enchaîne au gouvernail quand je vois le vaisseau courir vers l'abîme. »

Il en appela en effet à la Nation, et lui soumit les bases d'une constitution nouvelle. Il proposait : « un chef responsable nommé pour dix ans ; — des ministres dépendants du Pouvoir Exécutif seul ; — un conseil-d'état formé des hommes les plus distingués, préparant les lois et en soutenant la discussion devant le corps législatif ; un corps législatif discutant et votant les lois, nommé par le suffrage universel, sans scrutin de liste qui fausse l'élection ; — une seconde assemblée formée de toutes les illustrations du pays, pouvoir pondérateur, gardien du pacte fondamental et des libertés publiques. »

La France fut donc consultée sur ces questions importantes : 7,481,231 suffrages se prononcèrent affirmativement, et ne furent contredits que par 647,292.

Dès-lors, il eut le droit de se considérer comme l'ÉLU de la grande Nation !

Ceci nous rappelle les prophétiques paroles que prononça Napoléon Ier au sujet de son Neveu. On sait que ce dernier donna, dès son enfance, les espérances les plus favorables. Il se distingua dans toutes ses classes. Parvenu à un âge mûr, il consacra tout son temps aux études sérieuses. Il était sobre, ennemi du luxe, se vêtant pour ainsi dire comme un simple particulier. On le vit pendant qu'il était à l'école de Thünn embrasser complètement la vie du militaire. Il faisait tous les jours des courses longues et fatigantes; il portait, comme le dernier soldat, son sac, sa pioche et son compas; il gravissait les rochers et les montagnes; il dormait sous la tente ou sur la terre nue; il parcourait régulièrement dix lieues par jour. Cette mâle éducation, cette gymnastique militaire endurcirent son corps aux fatigues ; et en même temps ses études l'initiaient à la théorie de la guerre. L'artillerie était son objet de prédilection, et son Manuel de cette arme a étonné les plus grands connaisseurs et les plus grands tactitiens.

Très-jeune encore, il donna une preuve éclatante de son bon cœur, et de cet héroïsme naissant qui devait plus tard se développer. La France n'a pas oublié la célèbre bataille de Waterloo, dans laquelle Napoléon Ier déploya tous les talents du grand capitaine ; cette grande partie où fut joué le destin de l'Europe. On sait que la bataille ne fut perdue que par suite d'une manœuvre mal exécutée par un maréchal de France.

Quelques jours avant son départ pour cette mémorable campagne, Napoléon était en conférence avec un de ses maréchaux. Il avait défendu qu'on vînt l'interrompre. Par un triste pressentiment, son palais était plongé dans le deuil. La gouvernante du jeune Louis-Napoléon avait laissé échappé le récit des évènements qui allaient s'accomplir. Les mots de *guerre*, d'*alliés*, de *coalition*, de *départ*, avaient été prononcés. Le jeune Louis les entendit, il en fut ému, et il se sentit emporté par cet instinct généreux qui germait déjà dans sa grande âme. Il se précipite dans le cabinet de l'Empereur; il fond en larmes en embrassant les genoux de Napoléon. Celui-ci lui demande avec un peu d'impatience pourquoi il est venu l'interrompre. Alors, le noble enfant lui répondit : Sire, ma gouvernante vient de me dire que vous partiez pour la guerre. Oh! ne partez pas! ne partez pas! — Et pourquoi ne veux-tu pas que je parte? lui demanda l'Empereur attendri : ce n'est pas la première fois que je vais à la guerre; pourquoi t'affliges-tu? Ne crains rien, je reviendrai bientôt. — Oh! mon cher oncle, répond le jeune prince, dont les pleurs redoublaient, ces méchants alliés veulent vous tuer ! Oh ! de grâce, laissez-moi partir avec vous. On comprend combien le Grand Homme dut être touché. Tant de sensibilité, tant d'héroïsme dans un enfant de sept ans, firent sur lui une profonde impression. Il devina le grand homme dans cet acte de l'enfance. Et se retournant vers le maréchal, il lui adressa ces mots : *Tenez,* dit-il vivement, *embrassez-le ; il aura un bon cœur et une belle âme... C'est peut-être l'espoir de ma race.*

C'est ainsi que les grands hommes savent juger, c'est ainsi que les héros savent deviner les héros. Les évènements ont justifié cette prédiction, et la France se trouve heureuse d'y applaudir.

Nous aimons à rappeler les jugements que des hommes éminemment recommandables ont portés jadis sur le Prince Louis-Napoléon. Il avait publié ses *Considérations militaires sur la Suisse*. Cet ouvrage produisit en France une vive sensation, et l'un des plus grands écrivains de notre époque, Châteaubriand, lui écrivit à ce sujet les mots suivants : *Prince, il n'y a pas de nom qui aille mieux à la France que le vôtre.* Ces paroles sont remarquables sortant de la plume du vicomte de Châteaubriand.......

Dans le même temps, Armand Carrel, dont les opinions étaient assez connues, disait du même Prince : *Le nom que porte ce Prince est le plus grand des temps modernes; c'est le seul qui puisse exciter fortement les sympathies du peuple français. Si ce jeune homme sait comprendre les nouveaux intérêts de la France, s'il sait oublier les droits de légitimité impériale, pour ne se rappeler que la souveraineté du peuple, il peut être appelé à jouer un grand rôle.*

Ces deux jugements, émanés d'hommes d'une opinion si opposée, ont quelque chose de frappant. Ils reportent, en quelque sorte, à l'idée de cette vocation providentielle qui est le titre de notre ouvrage. Châteaubriand, profond légitimiste, semble laisser échapper son opinion pour obéir au cri de sa conviction et de sa conscience. Armand Carrel, profond républicain, allie à ses opinions énergiques une sorte de prophétie qui confirme celle de Napoléon Ier. Ces deux voix, parties de termes si opposés, conduisent l'esprit à de profondes réflexions. Et comme il est vrai que l'*homme s'agite et que Dieu le mène*, il faut retrouver la main divine dans la direction de ces grands évènements. Napoléon III a tout justifié. Il a répondu à l'attente de Châteaubriand, il a répondu aux vœux d'Armand Carrel. Il ne s'est pas présenté à la France à titre de *successeur* de Napoléon Ier. Il y est venu en grand citoyen, mais en simple citoyen; il a accepté la dignité de Président de la République, et n'a pas prétendu tenir cette haute fonction d'autre main que celle du peuple français. Plus tard, il est arrivé que la France lui a offert le sceptre impérial.

XIII

Un grand acte de politique et de justice fut accompli par le décret du 22 janvier 1852. Il ordonnait la restitution au domaine des biens dont Louis-Philippe avait voulu fruster la France par une donation frauduleuse. Quel est l'esprit juste qui n'a pas compris que le duc d'Orléans avait voulu conserver dans sa famille ses immenses propriétés? Qui ne sait pas en France que Louis-

Philippe correspondait avec des insurgés; qu'on fut lui apporter la nouvelle du triomphe de l'insurrection, et que déjà il était roi des Français dans l'opinion des révoltés et dans la sienne? Ce fut donc au préjudice du Domaine qu'il fit cette donation avant son couronnement.; et c'est avec justice qu'on a fait rendre ces biens au Domaine.

Pour peu qu'on soit versé dans la connaissance de notre droit public, on sait que les rois de France ne possèdent rien en propre: qu'à leur avénement tous leurs biens sont réunis au Domaine public. C'est ainsi que plusieurs provinces ont été réunies à la France, et notamment la Bretagne, par suite du mariage d'Anne de Bretagne avec Louis XII. Il en est de même du Béarn, que le grand Henri ajouta à notre pays.

Ce fut donc à tort que quelques journaux du temps crièrent à la confiscation, au vol; s'ils avaient été de bonne foi, ils n'auraient pas tenu un semblable langage. Quand on ne veut pas se soumettre aux lois d'un pays, suivre les antiques traditions des races royales, on ne doit pas être Roi.

Dans une circonstance mémorable, le roi Henri IV fit réunir son domaine particulier à celui de la Couronne. Cela eut lieu par arrêt du mois de septembre 1607, qui enregistre les lettres-patentes du grand roi (1). Cependant, et dès l'année 1590, il avait fait expédier des lettres-patentes par lesquelles il déclara vouloir tenir son patrimoine séparément et distinctement de celui de la Couronne. On croyait qu'il n'y avait rien de contraire à l'ordonnance de Moulins de 1566. Ces lettres furent vérifiées au Parlement de Bordeaux le 7 mai 1590. Mais le Parlement de Paris, alors séant à Tours, après avoir entendu son procureur-général, De La Guesle, ne voulut point les vérifier, malgré les lettres de *jussion* qui lui furent adressées le 8 avril et 29 mai 1591. L'arrêt rendu à ce sujet, le

(1) Voyez Le Bret, livre V, décision III

29 juillet même année, est un monument éternel de la fermeté avec laquelle cette cour souveraine préféra l'intérêt de la Couronne à l'intérêt particulier et domestique du roi.

Dans les remontrances du savant procureur-général, il est dit : « En France, il n'y a point de distinction de domaines dans le roi, en qui il n'y a qu'un domaine public, lequel absorbe le domaine particulier que le roi avait avant son avénement à la Couronne, et qui lui est échu depuis icelui, par succession, libéralité, casuel et conquête ; ce qui fait tomber les distinctions de l'édit du mois de février 1566. » Ce dogme politique remonte à Hugues Capet, sous lequel les fiefs ont pris leur origine.

Hugues Capet, comte de Paris, ayant succédé à Othon son frère, duc de Bourgogne, et étant devenu roi, porta à la couronne de France le comté de Paris et le duché de Bourgogne.

Après la mort du roi Philippe-Auguste,

qui avait épousé Élisabeth, fille de Baudouin IV, laquelle lui ayant apporté en dot le comté d'Artois, Louis VIII, son fils, ayant hérité ce comté, le réunit à la Couronne, à son avénement.

Sous le règne de Louis XI, Louis de France, duc d'Orléans, fils du roi Charles V, et frère du roi Charles VI, épousa Valentine de Milan, dont la dot fut de *cent soixante mille francs d'or ;* il acheta, avec cette dot, le comté de Blois, la ville de Coussi, en Vermandois, et la moitié du comté de Soissons. Tous ces biens furent possédés par Charles, fils aîné de Louis XI, et par Louis, son petit-fils ; ce dernier, devenu roi, sous le nom de Louis XII (Père du Peuple), les réunit à la Couronne. Cependant il avait fait expédier des lettres-patentes de non-réunion, et créé à Blois une chambre des comptes. Le Parlement eut le noble courage d'en refuser l'enregistrement, *à cause de la loy et coustume de ce royaume.*

« Sachons doncques, et nous contentons de la vérité des susdits exemples, et de l'usage inviolable de la loy contenue ès ordonnances de Charles VI et François Ier, qui nous enseignent que le *patrimoine particulier* du prince se *confond* et se *réunit* à la Couronne, par l'élévation d'iceluy au sceptre royal. Si qu'il est véritable, ce qui est contenu ès lettres commandées par le roi Henry IIII pour la réunion de son ancien domaine à celuy de France, que les dites lettres ne contiennent que la déclaration de la *coustume et loy* de tout temps observée par ses prédécesseurs sur pareil subjet. Gardée aussi aux royaumes de Naples et de Sicile, fondé sur les lois du nostre. »

C'est ainsi que s'explique un magistrat profond jurisconsulte dans ses *Questions notables*.

Nos jeunes avocats riront de pitié en voyant citer un *vieux auteur*. Cependant, c'est là qu'est la science profonde du droit; et c'est là qu'ont puisé nos jurisconsultes modernes.

Cet édit de Henri-le-Grand est donné à Paris, au mois de juillet 1607.

Nous avons insisté sur cette question, à cause de sa gravité et des jugements divers qu'on a portés en France sur le décret de réunion.

Et qu'on ne dise point que Louis-Philippe n'était pas roi quand il se dépouilla de tous ses biens. L'histoire, d'accord avec la conscience publique, ont fait justice de ce misérable argument. Et cet acte même de Louis-Philippe démontre qu'il connaissait cette loi observée par nos plus grands rois, et qu'il avait voulu se soustraire à son application.

En droit civil, quand il ne s'agit que des intérêts les plus minimes, on annulle les aliénations faites *en fraude* : qu'un débiteur aliène tous ses biens deux jours avant l'exigibilité de sa dette, assurément cette aliénation sera frappée de nullité, surtout si elle est à *titre gratuit*.

Un auteur plus récent écrit à ce sujet ce qui suit : « Les biens patrimoniaux que le le prince possède en montant sur le trône ou qui lui adviennent à titre successif après qu'il est roi, s'unissent au domaine, *non en vertu de sa volonté,* mais par l'effet de l'union qu'il contracte lui-même avec l'État, laquelle lui acquérant tout ce qui appartient à l'État, acquiert réciproquement à l'État tout ce qui appartient au roi.... »

Dans des temps plus rapprochés de nous, le roi Louis XIV avait acheté le palais d'Orléans. Il dit à M. le procureur-général de Harlay, depuis premier président, que c'était pour remplacer le Palais-Royal qu'il avait donné au duc de Chartres, son gendre. Le grand magistrat lui demanda en quel nom il l'avait acheté. *Au mien,* répondit le roi. — — *Tant pis, Sire, car tout ce que vous acquerrez en votre nom appartient à la Couronne; et par conséquent l'achat du Luxembourg ne remplace point l'aliéna-*

tion que vous avez faite. Pour assurer la possession du Palais-Royal à M. le duc de Chartres, il fallait acheter le Luxembourg en son nom, pour en faire un échange avec le Palais-Royal.

Nous aurions pu multiplier les preuves et entasser les autorités sur cette importante question. Nous nous sommes borné au plus saillantes ; car nous pensons avoir démontré suffisamment à tout esprit juste et de bonne foi que l'Empereur Napoléon III ne fit qu'un acte de justice en réunissant tous les biens de Louis-Philippe au domaine de la Couronne de France.

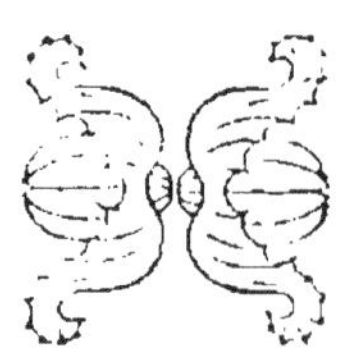

XIV

Notre tâche serait imparfaitement remplie, si nous ne retracions une grande partie des actes de Napoléon III pour le bonheur du peuple français et pour sa gloire.

Nous avons parcouru notamment de douloureuses années de disette. La classe inférieure se demandait comment elle ferait pour avoir du pain. Le commerce se hâtait d'exporter les denrées pour accumuler des profits. Le blé devenait plus rare en France, et il devenait plus cher, et le bas peuple était réduit à se nourrir des plus grossiers aliments. L'Empereur avait l'œil ouvert sur son peuple ; il arrêta les manœuvres des spéculateurs, et il défendit l'exportation du blé français et de toutes autres denrées alimentaires.

Il ne se borna pas là, il supprima les droits d'entrée sur les blés étrangers. Et peu de jours après cette grande et sage mesure, Marseille et nos grands ports de mer virent arriver des navires chargés de blé.

Toujours attentif à ce que le peuple français ne manque point d'aliments, il fit acheter à l'étranger tout le blé qui servait à nourrir nos armées de terre et de mer. On comprend combien la France eut à profiter du blé qu'auraient consommé 500,000 hommes au moins.

Voulant toujours que le peuple vive, il a créé de grands travaux, il a engagé les grandes villes a en faire autant, et plusieurs ont voté des sommes immenses, et de grands travaux ont été exécutés. Paris, à lui seul, a dépensé plusieurs millions pour venir au secours des classes ouvrières et souffrantes.

On sait que les exemples venus d'en haut sont ordinairement suivis. Par les ordres de S. M. l'Empereur, S. E. le ministre de l'intérieur donna quatre millions, au nom du Gouvernement, pour être distribués en œuvres de bienfaisance et pour ouvrir des travaux.

S. E. le ministre de la marine envoya dans la Mer-Noire, dans cette mer si féconde en tempêtes, des bâteaux à vapeur pour remorquer les navires chargés de blé, et hâter ainsi les arrivages.

De son côté, S. E. le ministre de la guerre autorisa les soldats agriculteurs à reprendre pour un temps la vie champêtre, et à s'occuper à battre les blés. Ainsi, ces braves qui avaient rempli le monde du bruit de leurs exploits, déposèrent leurs armes victorieuses et prirent les instruments de l'agriculture, cette mère nourricière des peuples.

Ce n'est pas tout, Napoléon III ne borne pas sa sollicitude aux mesures générales : lui-même fait des actes de bienfaisance dont l'équité veut qu'on lui tienne compte. Il y a justice à les signaler à la France. Pour un homme privé, ce serait peut-être blesser sa modestie; mais quand il s'agit du Chef d'une nation, il faut que chaque homme soit mis à même d'apprécier son Souverain. C'est parce qu'on méconnut les vertus de Louis XVI, que sa tête roula sur l'échafaud. Si le peuple n'avait pas été trompé par les suppôts de la Convention, par les Jacobins et autres monstres de 93, le peuple aurait défendu son roi. Lorsque cet infortuné monarque, debout sur l'échafaud, voulut en appeler à son peuple, ses bourraux craignirent l'équité du juge..., et à la voix de l'exécrable Santerre, mille tambours couvrirent la voix du martyr.

Il est donc du devoir de tout écrivain impartial de faire connaître au peuple les actes privés de Napoléon III.

S'il arrive un malheur, un cruel accident, des secours sont de suite envoyés : à Paris, les incendiés de la rue de Beaubourg reçurent de S. M. l'Empereur une somme de 5,000 francs ; S. M. l'Impératrice en donna 2,000, et la veille 1,000 avaient été distribués.

Pendant l'année de disette, il fit envoyer au maire de Fontainebleau 15,000 francs pour nourrir les pauvres. Il fit donner, pour le même objet, 5,000 francs au maire et au curé d'Avon. Et tant d'autres que sa modestie dérobe à la publicité.

Sa noble compagne aime à suivre les traces de son époux. Lorsqu'elle parle à quelqu'un de ces hommes préposés aux diverses parties du gouvernement, elle adresse d'abord cette question : *Dites-moi si les ouvriers et les pauvres ne souffrent pas? que peut-on faire pour eux?* Elle donne tout ce qu'elle peut, et se plaint de ne pouvoir faire d'avantage. Et lorsque sa bourse est épuisée, elle se résigne à recourir aux emprunts.

Les journaux nous ont entretenus du triste naufrage du navire le *Caïman*, qui avait péri corps et biens. Seize malheureux y trouvèrent la mort. Il resta dix veuves et vingt-six orphelins. Quand l'Impératrice l'apprit, elle voulut faire quelque chose; mais, dit-elle, je n'ai plus d'argent. Cependant, ce cœur bienfaisant souffrait du malheur des autres: elle emprunta 5,000 francs, qui furent distribués de suite aux veuves et aux orphelins.

Voici une action que les contemporains doivent admirer, et que l'histoire devra transmettre à la postérité. On sait que la ville de Paris avait voté pour S. M. l'Impératrice une parure du prix de 600,000 francs. Sa Majesté pouvait l'accepter, et se parer, en effet, de ces magnifiques bijoux. Mais non, elle aime mieux les employer à des œuvres de bienfaisance : elle fonde une maison où seront élevés trois cents jeunes enfants d'ouvriers, et ce qui pourra manquer doit demeurer à sa charge.

Ce n'est pas tout, elle a fondé un hôpital d'enfants dans le faubourg Saint-Antoine; elle va créer dans le faubourg Saint-Marceau une maison de Petites-Sœurs-des-Pauvres pour y recevoir les vieillards; elle a placé sous sa haute protection les salles d'asile. Sa Majesté s'occupe avec une sollicitude toute maternelle de ces utiles établissements. Elle vient de réunir aux Tuileries le comité central. Sa Majesté, après avoir témoigné sa satisfaction au comité, lui a fait part de ses vues; elle a insisté particulièrement sur les dispositions propres à favoriser le succès pratique des salles d'asile. Ces établissements doivent surtout se distinguer par d'excellentes conditions hygiéniques, et par la juste mesure de l'instruction spéciale, dont les premiers éléments peuvent être donnés à l'enfance.

L'Impératrice, en visitant elle-même plusieurs salles d'asile, avait déjà puissamment encouragé les efforts qui se consacrent aux progrès de ces établissements. La nouvelle preuve d'intérêt que Sa Majesté vient de leur donner ajoutera encore à cette émulation pour le soulagement des classes pauvres et le bien-être de leurs enfants.

Ainsi, quelle que soit l'opinion des lecteurs, on ne peut s'empêcher de louer des actions pareilles, parce que justice est due à tous.

XV

Tout Français, à quelque opinion qu'il appartienne, doit être fier de la gloire de son pays. Autrefois, dans l'antique Rome, un de ses habitants disait avec orgueil : Je suis citoyen romain. Il en avait le droit le descendant des Coclès, des Camille, des Cincinnatus, des Fabius, des Scipion. Aujourd'hui notre belle France a surpassé tous les faits militaires de l'antiquité. César conquit les

Gaules; la France a conquis l'Algérie. Ce n'est pas que les Gaulois, nos aïeux, fussent moins braves que les Arabes de nos jours; mais ils étaient presque sans armes, et surtout sans discipline; et le climat de la Gaule n'augmentait pas les difficultés de la conquête comme celui de l'Afrique.

Mais un évènement qui les domine tous, qui a fait retentir de nouveau le nom français dans tout le monde habité, c'est la campagne d'Orient.

La Russie, cette puissance colossale, qui compte 65 millions d'habitants, qui occupe presque la septième partie de la terre habitable, la Russie voulait exécuter le testament célèbre de Pierre-le-Grand. Elle voulait envahir toute la Turquie d'Europe. Nous convenons que des provinces turques dans notre Europe sont une anomalie. Il est indigne des puissances chrétiennes de souffrir à côté d'elles le culte du Mahométan. Il est indigne de voir, à quelques lieues de la Hongrie chrétienne, des marchés d'esclaves où l'on vend, comme des bêtes de somme, les hommes, les femmes, les enfants, les vieillards. Il est affreux de songer que ces jeunes garçons, qui vont changer de maître, seront un jour mutilés pour être les gardiens des concubines d'un despote.

L'Europe chrétienne devrait se réunir pour former une croisade civilisatrice et pacifique, afin d'extirper de son sein et refouler au-delà du Bosphore ces atroces mœurs !

Quoi qu'il en soit, la Russie n'avait pas du tout ce but religieux et civilisateur. Elle voulait s'emparer de Constantinople, cette antique métropole de l'empire d'Orient. Une fois maître de la cité de Constantin, l'autocrate aurait eu un pied en Europe et un pied en Asie: il aurait presque dominé dans la Méditerranée, en occupant les détroits des Dardanelles et de Gallipoli.

Par ce résultat, aurait été rompu ce qu'on appelle en politique l'équilibre européen.

L'Europe était évidemment compromise si la Russie avait joint à son empire immense l'empire du Croissant.

La Turquie fit un appel à la France, et cette France, toujours grande et généreuse, entendit cet appel. Elle envoya dans la Crimée une armée peu nombreuse, mais qui suffisait pour surmonter tous les obstacles, car elle était composée de Français !

Que de batailles mémorables ont illustré nos armes ! que de traits d'héroïsme ont signalé nos soldats et leurs nobles chefs, le prince Napoléon, Saint-Arnaud, Canrobert, Pélissier, Bosquet, dont les noms peuvent figurer à côté des généraux de l'antiquité. L'Europe rappellera éternellement les combats d'Inkermann, de l'Alma, de la Tchernaïa, et tant d'autres. La France apprit avec orgueil que huit mille recrues, arrivées de la veille, entendant pour la première fois le canon ennemi, repoussèrent, pendant quatre heures, cinquante mille Russes !

Une forteresse, réputée jusqu'ici inexpugnable et imprenable, était, dans la Mer-Noire, le boulevard de la Russie. Elle devait briser tous les efforts de l'Europe réunie. Mais celui qui l'avait ainsi fortifiée n'avait pas calculé qu'elle serait un jour attaquée par des généraux et des soldats français. L'humanité de nos généraux voulut d'abord épargner le sang, espérant que Sébastopol capitulerait. Mais la valeur, mais l'impétuosité françaises ne pouvaient supporter ces retards. Nos soldats demandaient à grands cris les combats. Plusieurs fois ils ont eu le bonheur de secourir et de sauver des colonnes anglaises, qui auraient péri sans eux sous les efforts des innombrables phalanges russes. Enfin, le signal tant désiré est sorti de la bouche des chefs; les fiers enfants des Gaulois s'ébranlent... et, en treize minutes, ils s'emparent du point le plus formidable, protecteur de la forteresse; en treize minutes le Drapeau français flotta sur la tour Malakof !!!

Dès ce jour fut fixé le sort de la Russie, qui demanda la paix. Et, depuis ce temps une estime réciproque a lié les deux Souverains.

Sous quel règne ont eu lieu des faits aussi extraordinaires? quel est le Prince par les ordres duquel ils ont été accomplis? Quel est celui qui a placé notre belle France au premier rang des nations? Les contemporains le savent, et l'histoire le transmettra à nos derniers neveux. C'est l'Empereur Napoléon III. On sait que c'est Sa Majesté qui, de son cabinet, dirigeait les opérations. Elle voyait dans son entier l'empire Russe et l'ancienne Tartarie. Son coup-d'œil embrassait et le Danube et le Pont-Euxin. Ainsi doit lui revenir la gloire de la conception, et à nos braves l'héroïsme de l'exécution. On ne devait pas moins attendre d'un Prince qui possède au plus haut degré la science de la guerre; ses ouvrages sur cette science, et notamment sur l'artillerie, annonçent tout ce qu'il y a de génie dans cette tête. Il ne lui manquait qu'une occasion pour signaler tout ce qu'il y a de talent en lui. Cette occasion, la Providence l'a lui a fournie comme un signe de la protection dont elle l'entoure. Protection qui a hautement éclaté dans une triste circonstance dont nous dirons quelques mots. Nous devons donc à Napoléon III cette nouvelle phase de gloire; nous lui devons ces pages brillantes de l'histoire, qui trouveront peut-être des incrédules dans la postérité.

Cependant, toujours grand, toujours généreux, toujours plein d'équité, il voulut épuiser tous les procédés, et mettre de son côté toute la justice. Avant que de commencer cette grande lutte qui devait décider pour ainsi dire du sort de l'Europe, notre Empereur écrivit à l'autocrate de toutes les Russies cette lettre célèbre que les journaux ont été fiers de publier. Dans cette lettre on voit briller tout ce que la fierté nationale peut inspirer de grand; tout ce que le sentiment de ses forces permet d'avancer; tout ce que les convenances ont de touchant et de respectable. On y voit que Napoléon III ne veut point la guerre, mais que, Prince français, il est loin de la redouter. Qu'il est beau de voir la force demander la paix, quand elle est sûre de la victoire! qu'il est beau de voir un guerrier, qui pourrait être un conquérant, détourner un roi de la guerre! Il comprenait que la grandeur des rois consiste principalement à maintenir la paix; que c'est là qu'ils se montrent le plus grands; et que ce n'est que dans la paix qu'on voit prospérer les lois, les sciences, les lettres et les mœurs.

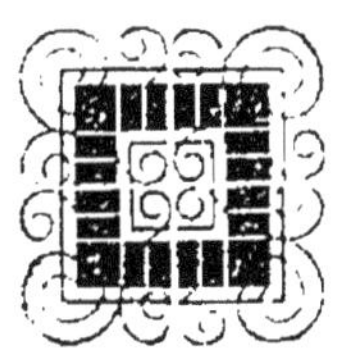

XVI

Non-seulement l'Empereur fait des dons aux populations et aux individus, mais encore il ouvre dans la capitale et dans les provinces d'immenses travaux. Cette cité, que les Romains appelaient ville de boue (Lutetia, de *lutum*, boue), deviendra bientôt une ville presque monumentale. Des rues sont ouvertes d'une immense largeur, et assainissent ainsi la capitale. Des édifices somptueux sont élevés. C'est ainsi que le Louvre a été terminé et relié aux Tuileries. Dans l'intérieur, de vastes réseaux de chemins de fer sont établis, et font disparaître les distances d'une ville à l'autre. Des canaux sont creusés qui, domptant la nature elle-même, relient avec eux les fleuves, les rivières, les mers : ils animent ainsi les transactions commerciales.

Mais un des plus grands évènements de son règne, celui qui influera le plus sur la destinée de l'Europe, celui qui est en politique un véritable prodige, c'est l'alliance anglo-française.

On sait que depuis des siècles l'Angleterre est notre rivale et notre ennemie implacable: que quelques rois d'Angleterre osaient prendre le titre de rois de France; ils en ont occupé une partie, de laquelle ils furent chassés par une fille des champs, par l'infortunée vierge de Vaucouleurs, par cette héroïne que les Anglais eurent la lâche barbarie de brûler vivante. Ils masquaient ainsi, sous le prétexte de sortilège, la honte de leur défaite. Et le nom du duc de Bedfort sera éternellement en exécration dans tous les siècles à venir.

Élisabeth elle-même, cet assassin de la belle Marie Stuart, avait l'audace de se qualifier de reine de France. Depuis ces temps reculés, cette moderne Carthage n'avait pas cessé de susciter à la France des divisions et des guerres. Partout où la France avait à venger quelque injure, partout où elle voulait porter ses drapeaux, partout intervenait l'Angleterre pour nous créer des ennemis nouveaux.

La France n'a pas oublié qu'après la fatale journée de Waterloo, Napoléon Ier se remit volontairement aux mains des Anglais, qui, loin de le conduire au lieu qu'il avait fixé, le transportèrent sur le rocher stérile de Sainte-Hélène, par delà l'Équateur. Encore, si l'on avait eu pour le Grand Homme les égards dus à une grande infortune !.... Mais non : le monde sait que Napoléon était un véritable prisonnier, traité avec la dernière rigueur. Et tout homme ayant quelque sentiment d'humanité ne prononcera qu'avec horreur le nom de Hudson Lowe. Ce nom et celui de Bedford seront les éternelles taches du nom anglais.

Eh bien ! l'Héritier du Grand Homme a fait taire dans son cœur la voix qui lui criait vengeance. Il a immolé ses ressentiments à l'intérêt de son pays. Et ce que l'on croyait impossible, une alliance existe entre la France et l'Angleterre. Les visites de Napoléon III à Londres, et de la reine Victoria à Paris et à Cherbourg, ont prouvé l'union intime de ces deux nations.

Les avantages de cette alliance sont à la portée de tous les bons esprits. Des relations amicales entre ces deux peuples produiront d'immenses résultats politiques et commerciaux.

XVII

Nous venons de considérer Napoléon III comme homme politique et en tant que Souverain. Il est temps de le considérer comme homme religieux, et en quelque sorte comme homme privé.

Et d'abord, la France a admiré le courageux dévoûment qu'il montra lors des funestes inondations du Rhône. A peine reçut-il la nouvelle, qu'il prit à l'instant un train du chemin de fer. N'emportant aucun insigne de la royauté, vêtu en simple particulier, il ne prit avec lui que l'homme courageux et dévoué à l'humanité. On le vit dans une frêle barque braver les flots du Rhône débordé, courir partout où le danger était le plus grand, partout où les maisons tombaient en ruines, au risque d'être englouti dans les eaux du fleuve. Ensuite, il distribua des secours aux malheureuses victimes, et retourna dans sa capitale comblé des bénédictions de toute une contrée. Et la France y mêla des cris d'admiration, parce que la France aime tout ce qui est héroïsme.

Sous un autre point de vue, Napoléon III a des titres à l'estime des Français! Il s'est montré l'ami de la religion de ses pères. Comme Pépin, comme Charlemagne, il a rétabli sur la chaire de saint Pierre un Souverain Pontife qu'une révolution avait persécuté et chassé. Il a rétabli l'ordre dans la ville éternelle, et imposé silence aux factions.

XVIII

La campagne de la Chine a eu un but éminemment religieux et politique. Ce peuple à demi barbare, malgré sa prétendue civilisation, exerçait sur nos héroïques missionnaires des cruautés inouïes. On ne peut lire sans horreur l'histoire de la propagation de la foi. On verserait des larmes en voyant la sainte résignation de nos martyrs.

Quelle noble entreprise, que celle d'évangéliser un empire de 400 millions d'habitants; quel bonheur pour le monde si nous pouvions apporter dans cette immense contrée de l'Asie la douce loi du Christ! si nous pouvions étouffer ces mœurs barbares qui leur permettent d'exposer sur les grands chemins des milliers d'enfants, que nos saints missionnaires recueillent pour en faire des chrétiens. La sauvage intolérance de la Chine, comme celle de la Turquie, atteste une civilisation arriérée, et qui tient de celle des sauvages des déserts de l'Asie et de l'Afrique.

Et en France, un Chinois, un Arabe, un Musulman, nous trouveront pour eux charitables et bons. Un Français donnera un de ses vêtements pour vêtir un Chinois ou un Turc dépouillés; il leur donnera de son pain pour apaiser leur faim. Pourquoi cette différence? Elle naît de l'Évangile; elle découle de cette parole du Christ : *Aimez-vous les uns les autres, et aimez votre prochain comme vous-même : c'est là*, dit-il aux Apôtres, *mon nouveau Commandement.*

Ainsi, cette guerre que nous faisions dans

la Chine était bien loin d'être une guerre de conquête. La France n'en veut plus ; elle ne veut pas même violenter les consciences; elle voulait obtenir la tolérance religieuse et politique ; elle voulait que le chrétien ne fût pas massacré dans la Chine.

Napoléon III a voulu aussi que le chrétien qui va visiter Jérusalem, qui envie le bonheur de s'agenouiller et prier sur le Golgotha, dans le jardin des Oliviers; de s'agenouiller et prier sur la pierre du Saint-Sépulcre, ne fût pas rançonné et souvent égorgé par le stupide Musulman, au vu et au su des pachas de la Syrie.

Certes, les services que nous avons rendus à l'empire turc, sauvé par nous d'une invasion inévitable, nous donneraient bien des droits à la reconnaissance de ce peuple, si un Musulman pouvait voir un chrétien sans horreur.

Un traité, unique dans les annales des nations, a été conclu entre la France et la

Chine. Il doit être connu de chaque Français, pour qu'il apprenne tout ce qu'il doit à son Souverain.

Le voici dans ses principales dispositions :

1° Ouverture de la Chine par tous ses ports et par toutes ses voies à la navigation et au commerce des nations étrangères ;

2° Abolition de toutes les lois rendues en Chine contre les chrétiens, et liberté accordée aux missionnaires de propager le Christianisme dans toute l'étendue de l'Empire, d'instituer des églises et de professer publiquement leur culte ;

3° Droit de résidence permanente à Pékin des représentants des puissances étrangères, avec faculté de traiter avec l'Empereur lui-même de toutes les questions pouvant intéresser les rapports et l'état des européens en Chine ;

4° Obligation pour la cour de Pékin de payer à la France et à l'Angleterre une indemnité de guerre...

Quels sublimes résultats, par suite de l'omnipotence française ! Nos vénérables missionnaires, ces nobles martyrs de la foi, n'iront plus en Chine comme les premiers chrétiens allaient à l'amphithéâtre. Ils pourront faire enfants de l'Église ces malheureux Chinois, enfants de la superstition. En un mot, la religion chrétienne a obtenu en Chine un libre exercice. Ce bienfait, elle le doit à Napoléon III, qui sera, lui aussi, le fils aîné de l'Église.

D'autre part, des relations commerciales sont au moment de s'établir. Nous avons en Chine un consul français. Espérons que les douces mœurs de notre belle France pénètreront chez les sujets du *Fils du Ciel*; espérons que les lumières de l'Évangile éclaireront ce peuple aveuglé par la superstition. Heureux, si nous pouvions voir un jour les Chinois embrasser la Loi du Christ. Cet immense bienfait serait dû encore à S. M. l'Empereur Napoléon III, dont les armes ont fait trembler le *Céleste Empire*.

Un journal français parle en ces termes de ce traité du 27 juin 1858 :

« Les vœux que formaient tous les esprits éclairés sont donc exaucés; la Chine, arrachée à son immobilité, à son isolement, subira l'heureuse influence du Christianisme et de la civilisation, et prendra, en même temps, dans le mouvement commercial du monde, le rôle que lui assignent ses immenses ressources. »

Ce passage est bien pensé, bien écrit, mais il renferme, à notre sens, une surabondance de mots. Après le mot *Christianisme*, le mot *civilisation* nous paraît inutile. Car le Christianisme n'est-il pas éminemment civilisateur! N'est-ce pas ce culte divin qui a arraché tant de peuples à la barbarie! qui a brisé les fers de l'esclave! rendu à la femme sa dignité, en la faisant la compagne de l'homme!

Devant une humble croix de bois, tombèrent les autels et les dieux du paganisme. Il a triomphé de toutes les persécutions. Et le sang qui ruisselait dans l'amphithéâtre, sous les dents des tigres, enfantait de nouveaux chrétiens!

Que la Chine devienne donc chrétienne, et sa civilisation est assurée.

XIX

A l'intérieur, Napoléon III a beaucoup fait pour propager le culte des chrétiens. Il a contracté une union intime avec le vénérable Pie IX, qui n'oubliera jamais que c'est à lui, que c'est à la France qu'il doit son salut.

Avant son pontificat, les Jubilés n'avaient lieu que tous les cinquante ans, selon le rit des Juifs, avec cette différence immense dans les résultats : chez les Juifs, les dettes étaient éteintes; les biens donnés en paiement étaient rendus à l'ancien propriétaire. Aujourd'hui, tout se borne à la distribution des grâces et des indulgences.

C'est ainsi que depuis l'avénement de Napoléon III, il a été célébré quatre Jubilés. Que les incrédules sourient dédaigneusement: mais qu'ils permettent aux hommes religieux de croire aux avantages d'un Jubilé. Car, ce n'est pas l'homme religieux qui conspire, qui médite la ruine des empires, qui trame les sanglantes révolutions; l'homme pieux se souvient que Jésus-Christ prêchait respect aux puissances, et paya le tribut à César.

Écoutons le savant archevêque d'Auch, Mgr de Salinis, qui explique, avec une rare éloquence, dans son Mandement de 1858, pourquoi Pie IX a prodigué au monde des faveurs qui, autrefois, sortaient plus rarement des trésors de l'Eglise :

« .... En jettant un coup-d'œil sur l'état du monde, n'est-il pas facile d'entrevoir la raison de la profusion avec laquelle les dons célestes les plus exceptionnels débordent, pour ainsi dire, sur nous? Les temps où nous vivons sont évidemment une époque exceptionnelle. La roue des révolutions ne tourna jamais avec une rapidité si prodigieuse sous la main de Dieu. Faut-il s'étonner que Dieu accélère dans la même proportion le mouvement, et, s'il est permis de parler ainsi, l'évolution de sa miséricorde infinie au sein de l'humanité? »

L'illustre Prélat continue ainsi :

« Il nous faut, *en toutes choses*, renoncer à chercher dans le passé la mesure du présent. Tout se précipite autour de nous : tout semble avoir hâte d'atteindre le terme de sa destinée. On dirait que le XIXme siècle, né au sein d'une révolution qui avait brisé la chaîne des siècles, après avoir accompli plus de la moitié de sa course, est impatient de résoudre, enfin, la formidable question de vie ou de mort qui, depuis son berceau, reste posée devant lui. La solution définitive de cette question n'est pas douteuse pour nous : Nous ne mourrons pas....

« Du haut de la Chaire éternelle d'où il voit se dérouler, dans les mains de Dieu, la chaîne qui relie la mobile succession des temps à l'ordre immuable de l'éternité, Pie IX a regardé au loin. Ce qui lui est apparu, au terme du mouvement si effrayant, au premier coup-d'œil, qui emporte le monde, ce n'est pas la décadence et la mort, mais la rénovation et la vie...... »

Que les peuples espèrent donc ! qu'ils se rendent dignes de la clémence divine, et s'inspirent des grandes vertus de l'Homme que la Providence a placé sur le trône de saint Louis, pour être la nouvelle Étoile qui doit guider leur marche incertaine dans ce labyrinthe où le génie du mal a tracé d'innombrables sentiers conduisant à l'abîme.

XX

Un monument des plus remarquables existe à Paris : c'est l'église Notre-Dame. Voici comment en parle un de nos plus grands poètes :

« Sans doute, c'est encore aujourd'hui un majestueux et sublime édifice que l'église de Notre-Dame de Paris. Mais si belle qu'elle se soit conservée en vieillissant, il est difficile de ne pas soupirer, de ne pas s'indigner devant les dégradations, les mutilations sans nombre que simultanément le temps et les hommes ont fait subir au vénérable monument, sans respect pour Charlemagne qui en avait posé la première pierre, pour Philippe-Auguste, qui en avait posé la dernière. Sur la face de cette vieille reine de nos cathédrales, à côté d'une ride on trouve toujours une cicatrice. Si nous avions le loisir d'examiner une à une les diverses traces de destruction imprimées à l'antique église, la part du temps serait la moindre, la pire celle des hommes. Il est à coup sûr peu de plus belles pages architecturales que cette façade où, successivement et à la fois, les trois portails creusés en ogive, le cordon brodé et dentelé des vingt-huit niches royales, l'immense rosace centrale flanquée de ses deux fenêtres latérales; la haute et frêle galerie d'arcades à trèfle qui porte une lourde plateforme sur ses fines colonnettes; enfin, les deux noires et massives tours avec leurs auvants d'ardoise, parties harmonieuses d'un tout magnifique, superposées en cinq étages gigantesques, se développent à l'œil, en foule et sans trouble, avec leurs innombrables détails de statuaire, de sculpture et de ciselure, reliés puissamment à la tranquille grandeur de l'ensemble: vaste symphonie en pierre; œuvre colossale d'un peuple; tout ensemble une et complexe comme les iliades et les romancéros dont elle est sœur..... »

Eh bien! Napoléon III vient de faire ce qu'aucun de nos rois n'avait voulu entreprendre. Il a fait restaurer ce monument, que Victor Hugo appelle la reine de nos cathédrales. C'est, sans doute, une belle et noble entreprise, capable à elle seule d'illustrer un règne.

Ce n'est pas tout, la sainte patronne de Paris avait un temple célèbre qui lui était dédié; nous voulons parler de l'église Sainte-Geneviève. Les vandales de la Révolution, ne pouvant anéantir Dieu lui-même, avaient voulu au moins anéantir son culte. Ils avaient persécuté, noyé ses ministres, brisé ses autels, foulé aux pieds les images qui la décoraient; ils avaient profané les ornements de nos lévites ; ces ministres de Satan avaient prouvé au monde épouvanté qu'ils étaient les génies de la destruction. Ils avaient ressuscité, dans un siècle chrétien, les antiques folies du paganisme; et, mêlant le ridicule au sacrilège, ils avaient converti en Panthéon l'église Sainte-Geneviève. C'est ainsi que le farouche Musulman, dont le culte a été propagé par le sabre, a profané l'église Sainte-Sophie : et l'ancienne capitale de l'empire d'Orient entend invoquer Mahomet dans cette église où les successeurs de Constantin invoquaient le vrai de Dieu.

Aujourd'hui, les profanes images ont disparu. Les statues des Diderot, des Helvétius, des Rousseau, des Voltaire, ne souillent plus l'auguste temple : Sainte-Geneviève est rendue au culte catholique.

XXI

Tout chrétien, tout homme qui a le bonheur de penser sainement, doit croire à l'intervention de la Providence dans les choses humaines. Il est impossible d'attribuer au hasard la marche du monde physique et du monde moral. Les païens eux-mêmes, au milieu des extravagances du polythéisme, admettaient le gouvernement du monde par leurs dieux : Eole régnait sur les vents; Neptime régnait sur les mers; chaque fleuve avait sa divinité; mais Jupiter régnait sur l'univers entier. Le sauvage qui adore le tigre, celui qui adore le serpent, celui qui adore le soleil, rendent hommage à cette grande idée qu'un Être-Suprême régit tout et peut tout.

En effet, ces changements brusques et inopinés qui arrivent dans les empires et ébranlent leurs destinées, ces royaumes qui tombent, ces royaumes qui s'élèvent, ces peuples qui s'éteignent, cette civilisation devenue barbarie, cette barbarie devenue civilisation, tout atteste l'action de Dieu. Qu'on regarde la nation juive : n'est-elle pas frappée par la main de la Providence? n'est-elle pas. depuis plus de dix-huit siècles, dispersée sur le globe sans pouvoir former un peuple? Et pourquoi? C'est, comme l'a dit un éloquent père de l'Église, que les Juifs avaient commis le plus grand des crimes : un déicide. Lorsque les deux villes infâmes dont parle l'Écriture furent détruites, lorsqu'elles dorment ensevelies dans les gouffres de la Mer-Morte, n'est-ce point par la main de Dieu?

Ainsi, de nos jours, nous avons vu dans notre patrie les horreurs de notre Révolution. L'exécrable Convention avait couvert la France d'échafauds et de victimes immolées à leur fureur. L'atroce Carrier avait encombré la Loire de cadavres. Ses mariages républicains ont épouvanté l'Europe, et rendront peut-être incrédule la postérité.

Après tant de maux, la colère divine parut s'apaiser; elle suscita un homme extraordinaire; elle l'appela du fond de la Syrie; elle protégea son passage au milieu des flottes anglaises, et le conduisit dans la capitale de la France. Elle le choisit pour cicatriser les plaies de notre belle patrie, et arrêter l'effusion du sang. Il s'empare du pouvoir, et bientôt le calme renaît. La Religion éplorée trouve en lui un appui. Un traité eut lieu entre l'Église et l'État. Les temples furent rouverts.

les autels furent relevés, le clergé fut rappelé et honoré. Ces hommes, nobles victimes de leur dévoûment à la royauté, qui avaient fui leur patrie pour éviter l'échafaud, ces hommes purent revoir le sol natal. Dès-lors, les factions durent se taire, et l'ordre fut partout maintenu.

Cet homme fit des lois, mit un frein à l'anarchie ; il dompta l'Europe, il en foula toutes les capitales, il en humilia tous les rois..... Dieu arrêta la marche du géant.

Après, des règnes plus paisibles ; après, survint une usurpation que l'ambition avait préparée. Un régne de dix-huit ans avait abaissé la France ; la corruption, la soif de l'or avaient tout envahi. Et Dieu fut las de ce règne. Une nouvelle insurrection éclata, pour une cause des plus minimes en apparence, et Louis-Philippe fut banni à son tour. N'est-ce pas là cette application providentielle de la loi du talion !

A ce grand acte de juridiction populaire,

succéda une apparence de république. Nous l'avons déjà dit, les hommes qui se mirent à sa tête, ne songèrent qu'à leurs intérêts personnels. Sous l'apparence d'amour du bien public, et pour alléger les charges du peuple, ils débutèrent par augmenter les impôts. On comprend que cela dut faire chérir la nouvelle république, cette noble fille de Ledru-Rollin et consorts. Ce fut assurément une touchante inauguration de cette belle forme de gouvernement. Lorsque le grand Montesquieu, ce profond observateur, disait : « La république est faite pour les cieux, la monarchie pour la terre, le despotisme pour les enfers », il avait assurément en vue une république autre que celle de 1848. Ah ! sans doute, une sage république est faite pour les cieux ; mais pour suivre cette profonde idée, il faudrait qu'elle fût composée d'hommes doués des plus éminentes vertus; chez qui l'égoïsme n'aurait pas desséché le cœur; chez qui l'amour de la patrie serait un vif sentiment. Mais dans le déplorable état de nos mœurs, une république paraît impossible. Et le grand écrivain que nous avons cité déclare que la monarchie est faite pour la terre. Ce gouvernement est même dans la nature : les patriarches étaient rois dans leurs familles, les chefs des tribus y étaient de véritables rois ; le père est le roi de sa famille : or, l'État n'est autre chose que la grande famille. Toutefois, on peut, dans une monarchie, laisser quelque chose au peuple ; un sage monarque ne l'éloigne pas complètement de toute action politique ; il aime à prouver qu'il ne craint pas les regards, et qu'il ne veut pas être despote. Les bons rois n'aspirent pas au titre d'*autocrate*. Ils ne craignent point d'en appeler, dans les grandes occasions, au vœu des nations. Ne craignez pas que le peuple se trompe ; le peuple est un homme d'esprit, au jugement sain. Qu'on ne l'égare pas, qu'on ne corrompe point son action dans les grandes épreuves électorales, et l'on verra combien ses choix seront sages; et naguère il l'a éloquemment prouvé, alors qu'il s'est agi du choix d'un Président, et, plus tard, de continuer une brillante dynastie.

Cette dissertation, suite nécessaire des idées qui la précèdent, nous a écarté du plan adopté dans cet ouvrage, qui a pour but de montrer la mission providentielle de S. M. l'Empereur Napoléon III. Nous avons vu, dans toutes les grandes époques des peuples, des hommes extraordinaires qui semblaient destinés à opérer de grandes choses, réparer de grands désastres, ou châtier de grandes fautes. Lorsque Rome fut amollie par le luxe, corrompue par tous les genres de débauches, Dieu lui envoya les Néron, les Claude, les Tibère, les Caligula, les Domitien. Quelquefois, dans sa clémence, il donna à Rome les Constantin, les Titus, les Marc-Aurèle, les Antonin. Lorsqu'il voulut éprouver les nouveaux chrétiens et les sanctifier par le martyre, il suscita les Dioclétien, l'amphithéâtre, les bêtes féroces et les bourreaux. Et par là furent illustrées ces catacombes, où l'on célébrait en secret les saints Mystères, sous cette même Rome qui persécutait les néophytes. Lorsque Dieu voulut régénérer la Gaule idolâtre, il suscita Clovis; et pour conquérir ce grand homme, il fit naître sainte Clotilde.

Lorsque Dieu voulut appeler à la foi chrétienne le sauvage Saxon, il suscita le grand Charlemagne, qui subjugua cette vaste contrée par sa valeur, et la gagna par sa clémence. Le célèbre Witikind, trois fois vaincu, embrassa franchement la religion chétienne, et avec lui tous les Saxons.

Sous le grand empereur disparut en partie la barbarie des premiers siècles, et les sciences et les lettres furent alors à leur aurore. Plus tard, et pour leur donner tout leur lustre, il donna au monde Léon X, François Ier, Louis XIV.

Quand il voulut stygmatiser les mœurs françaises, rappeler les peuples à la religion et à la morale, il suscita les Bossuet, les Fénélon, les Massillon, les Bourdaloue, les Fléchier, les Bridaine, pour donner des leçons aux peuples, et attaquer la corruption jusque dans les palais des rois.

Et dans des temps plus rapprochés de nous, n'avons-nous pas vu succéder aux horribles drames de la Révolution française, l'avénement du Consulat? La Religion semblait proscrite, Napoléon Ier la rappela; les temples étaient fermés, il les rouvrit; les autels étaient renversés, il les releva; le clergé était proscrit, il le rappela. Ne voit-on pas ici la main de Dieu? Les factions attentèrent vainement à sa vie, et l'on se rappele cette machine infernale qui ne fit pas tomber un cheveu de sa tête.

Un triste rapprochement existe entre ces temps et l'année 1848. A cette époque, les tribunes académiques, les chaires des écoles retentissaient d'enseignements impies, qui n'étaient séparés de l'athéisme que d'un pas. Des cours d'histoire masquaient adroitement le pur matérialisme, et tendaient à enlever à l'homme toute sa dignité, en lui enlevant la moralité de ses actions. Les jours de fêtes étaient profanés, les dimanches, et le jour même de Pâques, voyaient des ouvriers travailler aux Tuileries et au Louvre, habités jadis par saint Louis et les rois *très-chrétiens*.

Sous le rapport politique, la France courait vers l'abîme; les factions étaient en présence; la guerre civile était là..... Quelques jours d'orage donnèrent à la France une grande leçon......

Mais il fallait un homme capable d'apporter un grand remède à ces grands maux. Ce fut encore un Bonaparte qui fut choisi de Dieu. Une immense majorité l'appela à la Présidence, une majorité plus grande encore l'appela à l'Empire.

Mais déjà Dieu avait préparé son élu. Six ans de captivité avaient formé son esprit, élevé son âme, mûri ses idées. Aussi, dès les premiers pas dans son règne, il a montré qu'il n'était point novice dans la science du gouvernement. Nous avons déjà vu ce qu'il a fait pour la Religion : il a rétabli sur la chaire de saint Pierre le digne vicaire de Jésus-Christ ; il a fait restaurer un grand édifice religieux; il a rendu au culte catholique un temple souillé par les folies révolutionnaires; il a brisé le piédestal où reposaient les statues des coryphées de l'athéisme, de ces hommes qui s'écriaient ces mots horribles : *Écrasons l'infâme!* Or, cet infâme, c'était Jésus-Christ !!! Et sainte Geneviève a été rétablie dans ce temple auguste d'où elle protège Paris.

Par les soins de Napoléon III, les factions se taisent, notre marine se développe, nos grands ports maritimes deviennent formidables, nos armes sont portées dans presque toutes les parties du monde, et partout elles couvrent de gloire le nom français. Le Tartare de la Crimée a connu et admiré notre valeur, et béni notre clémence. Le successeur des Czars, le descendant de Pierre-le-Grand, a recherché l'alliance de la France. Son éternelle ennemie, l'Angleterre, est aujourd'hui notre alliée. La Turquie souffre à Constantinople nos prêtres et nos missionnaires, et donne ordre de punir le farouche Mahométan qui égorge le chrétien. Dans la Chine, la France a marché à la conquête de la tolérance religieuse; elle a forcé cet homme, se disant *Fils du Ciel*, à respecter les chrétiens qui vont porter dans le *Céleste Empire* les dogmes sacrés et la sainte morale du Christianisme.

Tous ces grands actes ne signalent-ils pas une vocation d'en haut? A tout cela, comparez la faiblesse du règne de Louis-Philippe: qu'on se demande s'il aurait osé envoyer un homme contre le colosse russe; s'il aurait osé envoyer une armée en Chine; s'il aurait osé montrer l'intention de favoriser l'ouverture du canal de Suez.

XXII

Un travail qui étonnera l'univers entier va être tenté. La France en a la glorieuse initiative. Il s'agit, en quelque sorte, de réformer le globe; il s'agit de faire qu'il n'existe plus qu'une mer; il s'agit, en un mot, de joindre la Mer-Rouge à la Méditerranée. Nous disons qu'il n'y aura plus qu'une mer, parce que cette division en mer extérieure et mers intérieures n'est autre chose qu'une superfluité.

La Méditerranée, la Mer-Noire, la Baltique et autres, ne sont-elles pas les filles de l'immense Océan ? L'ouverture du canal projeté nécessite le percement de l'isthme de Suez. Cet isthme, qui sépare l'Asie de l'Afrique, qui sépare en même temps la Mer-Rouge et la Méditerranée, a, d'après les géographes, une largeur de près de cinquante lieues. On assure qu'il est presque tout formé de rochers. On reconnait là cette main d'une sage Providence qui a voulu garantir une partie de notre globe de l'invasion du vaste Océan. Il y a dix-neuf siècles qu'un grand poète romain s'écriait, dans un mouvement de colère : « C'est en vain qu'un Dieu prudent a séparé les terres par un Océan qui empêchât les hommes de se rapprocher (1). » Eh bien ! deux mers ne seront plus séparées. Cet immense travail, entrepris et abandonné par le plus grand des rois d'Égypte, par Sésostris, qui, dit-on, y perdit plus de cinquante mille hommes, va

(1) Horace. — *Odes,* liv. I, od. III.

être opéré sous le patronage de Napoléon III. L'isthme sera percé. Des vaisseaux de guerre passeront en quelques heures de la Méditerranée dans la Mer-Rouge, au lieu d'employer des mois entiers à franchir les colonnes d'Hercule. Le passage des Indes sera alors tout trouvé, le commerce de l'univers en recevra une facilité immense, et, par suite, un grand développement. Aucun obstacle n'arrêtera Napoléon III, pas même les oppositions des nations jalouses.

L'histoire des temps anciens nous apprend que Amrou, célèbre lieutenant du calife Omar, conçut un dessein digne des plus beaux siècles de Rome; il entreprit un canal navigable pour joindre la Mer-Rouge à la Méditerranée, et dans lequel seraient détournées les eaux du Nil. Ce canal si utile à l'Égypte, si important pour le commerce de l'Europe et de l'Asie, fut achevé en quelques mois. Les Turcs l'ont laissé détruire. Serait-il impossible d'en retrouver les traces, pour éviter d'énormes dépenses et d'immenses travaux? Peut-être suffirait-il de le recreuser.

Ce même Amrou est celui qui eut la barbarie d'incendier la bibliothèque d'Alexandrie, forfait qu'on attribue faussement à Omar; ce prince aimait les lettres, il aurait respecté la bibliothèque des Ptolémées.

Nous ne pouvons résister au désir de parler, dans cette occasion, de la démarche d'un homme honorable, M. Auguste Arthaud. Il a conçu l'idée d'un canal de *grande section*, destiné à joindre la Méditerranée à l'Océan Atlantique. Il a soumis son idée à la haute sagesse de S. M. l'Empereur. Il fait ressortir, avec talent, les prodigieux avantages de ce canal. Tout porte à penser que le Génie qui préside aux destinées de la France, approuvera ce vaste dessein. Et la France, comme le dit M. Arthaud, aurait *à son tour les clés de la Méditerranée*.

XXIII

Enfin, un dernier trait de la protection divine a éclaté le 14 janvier 1858. Des bombes fulminantes lancées sous la voiture de l'Empereur firent explosion; ses chevaux sont tués ou blessés; ses gardes, les hommes qui l'entourent, sont meurtris; Sa Majesté seule est respectée par la machine meurtrière et les instruments de mort qu'elle recélait.

Après tant de choses mémorables, tant d'actes héroïques, tant d'évènements si merveilleux, l'homme qui raisonne peut-il s'empêcher de reconnaître la main de Dieu?

Serait-il vrai que les conspirateurs seront toujours inexorables et infatigables? Auront-ils toujours le pernicieux dessein de bouleverser les sociétés? Ne savent-ils pas que l'assassinat d'un roi produit toujours des commotions immenses? Que cet assassinat peut être le signal de plusieurs autres? Il est, en effet, incontestable que le régicide habitue les peuples à ne plus regarder comme inviolable la personne des rois. Les peuples qui s'accoutument à ces idées sont constamment perturbateurs; ils s'imaginent que les rois ne sont, pour eux, que des régisseurs d'un rang auguste; qu'ils ne sont que des gérants, qu'on peut révoquer à son gré. De là, les conspirations, les complots, les assassinats, les guerres civiles, les barricades, les collisions du peuple et de l'armée; de là, ces torrents de sang qui inondent les rues.

Après l'assassinat de Henri IV, vint l'assassinat juridique de Charles Ier; puis, celui de Louis XVI; ensuite, l'expulsion du roi Charles X et l'expulsion du roi Louis-Philippe.

Lorsque, en 1793, on promenait dans les rues le buste de Brutus, n'était-ce pas préconiser la régicide? Aussi, c'est dans les murs de Rome, d'où furent expulsés les Tarquins, où fut poignardé Jules César, qu'est né et a grandi le carbonarisme.

Il serait temps que les hommes revinssent à des idées plus saines, car, par la raison qu'un roi déplairait à quelques-uns, il ne s'en suivrait pas qu'ils eussent le droit exorbitant de le juger ou de le tuer. Un acte aussi important serait-il dans le domaine d'une poignées d'hommes? Pourraient-ils exercer cet acte terrible de juridiction sans le consentement de la Nation tout entière? La loi des majorités n'est-elle pas une loi éternelle, inhérente à la nature de l'homme et le lien de toutes les sociétés? Les complots ont toujours porté le trouble dans les familles et dans les États; ils accoutument les hommes à l'audace, à briser toute autorité, à vivre sans frein, à violer tous les devoirs. Là, le frère s'arme quelquefois contre le frère, le père contre le fils. Et ces funestes exemples produisent sur les jeunes générations les plus sinistres effets.

De là, ces idées démagogiques qui agitent les peuples au cri de liberté.

Parmi nous, les idées reprendront sans doute une marche plus sage; tant de leçons éclaireront sans doute le peuple. Un gouvernement basé sur la Religion et la Justice devrait éteindre tous les ressentiments et calmer toutes les passions. Le peuple français aime la liberté, Napoléon III l'a lui a conservée. Ce peuple a une part active dans le Gouvernement. Il a choisi lui-même ses législateurs, qui sont son ouvrage. C'est lui qui leur a donné le rôle sublime de rédiger ses lois, voter ses impôts. L'Empereur, à la différence des tyrans, n'a pas réuni dans ses mains la puissance législative et le pouvoir exécutif. Donc, le peuple français a toute la liberté compatible avec l'ordre et la stabilité des États. Le peuple français est avide de gloire ; ces âmes ardentes ont besoin de grandes choses. Eh bien ! ce peuple n'a-t-il pas la guerre et les admirables batailles de l'Orient? N'a-t-il pas cette prise de

Sébastopol qui suffirait à la gloire d'un siècle? N'a-t-il pas cette conquête de l'Afrique à jamais assurée par le gouvernement de Napoléon III. Ne sait-on pas que le gouvernement qui l'a précédé tenait d'une main tremblante cette colonie qu'un autre peuple nous enviait? Aujourd'hui l'Algérie se colonise, des villages entiers s'élèvent, les routes deviennent sûres, les déserts eux-mêmes sont étonnés de se trouver moins arides. Ces vastes contrées de sables où l'on voyageait huit jours sans trouver de l'eau, en fourniront aujourd'hui. Des puits artésiens font jaillir des colonnes d'eau aux yeux du Bédouin étonné. Et les hommes et les caravanes auront la faculté de s'abreuver sous un ciel brûlant et au milieu des déserts. Les administrations y prennent une assiette fixe. La Kabylie, récemment conquise, a étonné le monde. Ce peuple paraissait inexpugnable à l'abri de ses montagnes et de ses rochers. Mais les Français connaissent-ils les obstacles? On se rappelle avec orgueil ce mot sublime de Napoléon Ier : *Le mot impossible n'est pas français!*

Cette précieuse conquête, a dit l'Empereur régnant, assure à la France des blés suffisants, même dans les années les plus désastreuses. Eh bien! peuple idolâtre de la gloire et de l'honneur, peuple né pour servir d'exemple au monde, et digne de régner sur lui, vous avez là de la gloire, et vous avez aussi l'honneur et la liberté! Et tout cela, vous le devez à Napoléon III.

Un homme de génie, M. Guizot, fit retentir du haut de la tribune française ces magnifiques paroles du grand Fénélon : *L'Homme s'agite et Dieu le mène.* En effet, l'homme, créature faible et bornée, chétif ver de terre, qui s'agite aveuglément sur ce misérable globe, est-il autre chose qu'un instrument de Dieu? Peut-on croire que le Créateur ait lancé, d'un pied dédaigneux, tant de mondes dans l'espace pour les livrer à eux-mêmes, ou au caprice du hasard? Aurait-il jeté l'homme sur la terre pour ne plus s'occuper de lui? Et d'où vient chez tous les peuples, chez tous les hommes, ce besoin d'un culte ou d'une religion quelconque! Quand le sauvage se prosterne devant ses idoles, l'Indien devant le tigre, les fétiches ou les manitous, ne semblent-ils pas dire : Il y a au-dessus de nous quelque chose que nous ne pouvons comprendre; mais ce quelque chose est un Être supérieur, devant lequel nous devons nous humilier. Le sauvage du Canada invoquait ses dieux pour obtenir une heureuse chasse ou une pêche abondante. Il ne manquait à tous ces hommes égarés que les vérités du Christianisme. Le Christianisme! c'est lui qui a rendu la dignité à la nature humaine; c'est lui qui a rompu les fers de l'esclave; qui a rendu la femme l'égale de l'homme, et l'y a attachée par un lien qui est devenu un Sacrement. Tant que l'Évangile ne régnera point dans les cinq parties du monde, il n'y aura point de civilisation universelle. Lui seul peut rapprocher les hommes et en faire des frères. Devant l'Évangile, tomberaient en poudre les dogmes stupides de l'Islanisme; devant lui, tomberaient les ridicules idées des bonzes chinois. Avec lui, l'Indien ne se courberait plus devant un serpent. Oui, le Christianisme est la seule religion civilisatrice: et ces prodiges de civilisation ont été opérés par une croix!

Ainsi, quand l'homme implore un Dieu, il reconnaît hautement sa puissance, son action et sur le monde et sur lui. C'est un instinct de la nature humaine. Pourquoi donc ne pas croire à cette action? Il faut donc le reconnaître dans ces grands évènements, dans ces grands cataclysmes qui bouleversent et le monde physique et le monde moral? Il faut donc le reconnaître dans ces évènements, dans ces crises, qui trompent tant de fois la sagesse humaine, et découvrent à l'œil de l'homme sa faiblesse et sa nudité!

XXIV

Nous avons aimé à faire connaître à la France l'illustre origine de Celui qui la gouverne avec tant d'éclat. Il sera doux pour chaque Français de lire les titres glorieux de son auguste compagne à l'admiration de notre pays. Étrangère à notre patrie, l'Impératrice Eugénie n'était connue que par sa beauté et par ses brillantes qualités qui la distinguent entre toutes les reines. Le lecteur nous saura gré d'avoir mis sous ses yeux une Notice du plus haut intérêt. Nous l'avons extraite d'un journal espagnol *El Iris Catalano*.

« Ce fut en l'année 1697 que le territoire de Montijo, situé dans l'Estramadure, fut érigé en comté par le roi Charles II en faveur de D. Juan de Porto-Carrero, frère du cardinal de ce nom. La famille de Porto-Carrero descend de Jacobo

Bocanegra, un des frères du doge de Venise du même nom.

« Envoyé en 1340 à la cour d'Alonzo XI de Castille, il rendit à ce roi de très-grands services dans la lutte qu'il avait à soutenir contre les Maures; son petit-fils ayant épousé Francisca, fille et unique héritière de Porto-Carrero, il prit ainsi le nom et les armoiries de cette famille. Juan Porto-Carrero, premier comte de Montijo, eut un fils qui, comme grand d'Espagne et chevalier de l'Ordre de la Toison-d'Or, fut ambassadeur extraordinaire à Londres, et, plus tard, en 1741, il assista, comme représentant du roi d'Espagne, à l'élection, qui eut lieu à Francfort, de l'empereur Charles VII. Il épousa une sœur du comte de Téba, descendant de la très-illustre famille des Guzman. De cette union naquit Félipe de Porto-Carrero, comte de Montijo, marquis de Valderama, qui épousa Maria-Josefa Luniga, comtesse de Miranda. Comme il était en possession du comté de Montijo (Porto-Carrero) et de Téba (Guzman), il adopta pour armoiries la réunion de celles des deux familles Porto-Carrero et Téba. Son fils aîné mourut sans postérité, et tous les titres passèrent ainsi à son second fils, marié avec Manuelle Kirk Patrick de Glasburn. De cette alliance naquirent dona Maria Porto-Carrero, duchesse de Panaranda, mariée au duc d'Albe; Berwik et dona Maria-Eugenia, comtesse de Teba, née le 5 mars 1826, Impératrice des Français depuis 1853. Avant son mariage, ses titres étaient : dona Maria Eugenia de Guzman y Porto-Carrero, comtesse de Teba, grandesse d'Espagne depuis 1608, marquise d'Andales, Oséra, Moya, comtesse d'Ablitar, de Banos, de Mora, de Santa-Crux de la Sierra, baronne de la Calzada.

« L'attribut héraldique qui sort de la couronne qui domine les armoiries des Porto-Carrero-Guzman représente : Alfonso Perez de Guzman, gouverneur de Tarifa, lorsque les soldats présentèrent son fils cadet presque nu, les mains liées, menaçant de le décapiter s'il ne livrait pas la place, et qui répondit en disant : *Avant de commettre une semblable trahison, je donnerai moi-même le poignard pour tuer mon fils*. Ces paroles dites, il jeta son épée. Cette épée portait l'inscription suivante : *Mas vale el Rey que la sangre*.

« Cette devise signifie : *Mieux vaut le Roi que mon sang*.

« M. William Kirk Patrick, aïeul maternel de Sa Majesté l'Impératrice, habitait Dunkerque avant la Révolution de 1789, ainsi que son frère Thomas; ce n'est qu'après avoir quitté Dunkerque qu'ils allèrent s'établir à Adra (Espagne). »

XXV

Nous ne pouvons nous taire sur un évènement qui signale au plus haut degré l'intervention de la Providence; nous voulons parler de la naissance de **S. A.** le Prince Impérial. Comme le disait, il y a dix-neuf cents ans, le plus grands des poètes : *Une race nouvelle nous est envoyée des cieux*. Mais cette race pouvait s'éteindre, et Dieu a voulu l'entretenir. Ce Prince, doué de toutes les grâces, promet à notre patrie un heureux avenir.

Nous aimons à croire que nous sommes dans cet écrit l'organe de la France entière. Il nous semble entendre notre belle patrie adresser ces mots à **S. A.** le Prince Impérial :

MONSEIGNEUR,

Vous êtes encore bien jeune; cet écrit vous trouve au berceau; mais votre magnifique aurore promet à la France les plus beaux jours. Votre auguste père est assis sur le premier Trône de l'univers. Entouré de toutes les gloires, il a remis la France au noble rang d'où elle était descendue, et où l'avait placée l'illustre Chef de votre dynastie. Vous êtes né sur les marches de ce Trône, et un jour cette belle Couronne reposera sur votre front! Croissez, jeune Prince, sous les yeux de vos augustes parents. Ils vous apprendront quels sont les devoirs immenses qu'impose la royauté; ils vous apprendront que vous ne serez véritablement grand qu'en chérissant la justice et adorant la vertu. Ils vous diront, avec le plus grand magistrat de la France, ces sublimes paroles : « Le plus libre et le plus indépendant de tous les êtres, n'est tout puissant que pour faire le bien, son pouvoir infini n'a point d'autres bornes que le mal...... Les plus nobles images de la Divinité, les Rois, que l'Écriture appelle les dieux de la terre, ne sont jamais plus grands que lorsqu'ils soumettent toute leur grandeur à la justice, et qu'ils joignent au titre de maîtres du monde, celui d'esclaves de la Loi. »

Une grande tâche vous est réservée; vous aurez besoin de toutes vos forces. Vous aurez à soutenir la gloire et le grand nom de la France et des Napoléon. Mais cette tâche sera puissamment allégée par les grandes leçons, par les nobles exemples de vos augustes parents, images de toutes les vertus. Vous suivrez les traces de Napoléon III; vous le suivrez dans ses grands actes d'administration, dans ses hautes conceptions militaires. Comme lui, vous protégerez le culte de vos ancêtres. Vous n'oublierez jamais que vous comptez parmi eux un successeur de saint Pierre. Vous vous rappellerez, avec un légitime orgueil, que le vénérable Pie IX a été rétabli par Napoléon III, dont la main puissante a pacifié la ville éternelle. Vous tiendrez, comme lui, d'une main héroïque, les rênes de l'Empire. Comme lui, vous acquerrez des droits à l'estime, au respect et à l'admiration du monde. Quand vous serez appelé à continuer une grande dynastie, vous mesurerez, d'un œil ferme, l'étendue de vos obligations; et lorsque vous mettrez sous vos yeux les ouvrages écrits en l'honneur de vos nobles parents, vous aimerez à les relire, et il vous sera doux de vous dire à vous-même : *Ces louanges ne sont qu'une justice; elles reposent sur la vérité.* Vous aimerez aussi à grandir votre propre nom, pour avoir une gloire à vous. Aux beaux modèles que vous offre votre famille, vous voudrez joindre les grands modèles de l'antiquité. Vous voudrez que la France ne puisse rien envier à l'ancienne Rome, et vous serez fier de faire asseoir sur le Trône de France les vertus de Marc-Aurèle, d'Antonin et de Titus.

FIN.

www.ingramcontent.com/pod-product-compliance
Ingram Content Group UK Ltd.
Pitfield, Milton Keynes, MK11 3LW, UK
UKHW021050200726
13857UKWH00003B/879